AF474747

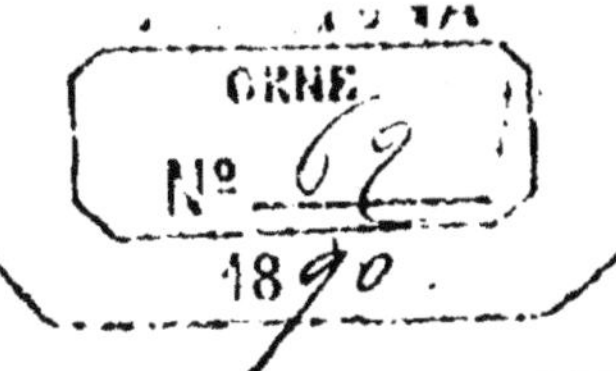

COURS DE PHILOSOPHIE

PSYCHOLOGIE EXPÉRIMENTALE

PAR

L'abbé CLINCHAMP
Professeur de Philosophie
A l'Externat de la rue de Madrid, Paris.

MONTLIGEON
IMPRIMERIE DE L'ŒUVRE EXPIATOIRE

1890

COURS DE PHILOSOPHIE

PSYCHOLOGIE EXPÉRIMENTALE

PAR

L'abbé CLINCHAMP
Professeur de Philosophie
A l'Externat de la rue de Madrid, Paris.

MONTLIGEON
IMPRIMERIE DE L'ŒUVRE EXPIATOIRE.

1890

A MES ÉLÈVES

CHERS ENFANTS,

Voici un volume qui sera, j'en suis sûr, pour vous comme il l'est pour moi, un heureux souvenir de nos communs travaux.

Ceux qui viendront s'asseoir à votre place le recevront comme un fonds de doctrine où ils se reporteront toujours avec fruit, pour contrôler et compléter les notes de l'enseignement oral.

Je me propose de leur offrir bientôt le reste du cours.

Ensuite dans le cas où ce travail serait utile à d'autres, je pourrais le présenter au public.

Ecole St-Ignace, en la fête de St-Louis de Gonzague,

21 Juin 1890.

J. C.

NOTIONS PRÉLIMINAIRES

I

La Science. — Les Sciences.

La Philosophie. — Objet et division de la philosophie.

Savoir, ce n'est pas connaître d'une manière quelconque, *c'est connaître par les causes.*

L'ignorant voit un phénomène comme le savant ; il en reconnaît l'existence, il n'en sait pas la cause. Ainsi, l'ignorant comme le savant perçoit une éclipse de lune, mais seul, le savant en sait la cause, seul par conséquent il en a une vraie connaissance.

« *L'homme désire naturellement savoir* » ; C'est le premier mot de la métaphysique d'Aristote. L'enfant dont la raison commence à s'ouvrir nous poursuit de ses questions. L'animal marche à son but sans jamais s'enquérir. L'homme seul est curieux, parce qu'il est intelligent ; et il est d'autant plus curieux que son intelligence est plus vive. A la vue des choses qu'il ne connaît pas, il éprouve un étonnement ; l'étonnement est le principe de toute science. La science, dit Aristote, commence par l'étonnement et s'achève par son contraire : Quand on sait, l'étonnement cesse ;

bien plus, ce qui serait étonnant, c'est que la chose ne fût pas ainsi.

Une science est donc la réponse à un *pourquoi*.

D'une manière plus précise, une science, dans l'ordre expérimental, est un système de faits du même genre rattachés à leur loi. Dans l'ordre des choses rationnelles, une science est un système de connaissances fondées sur des principes certains et tendant au même but.

Système, — parce que dans une science les connaissances s'enchaînent, se coordonnent, se subordonnent et découlent les unes des autres.

En quoi donc la PHILOSOPHIE diffère-t-elle des autres sciences ?

Les sciences particulières sont une réponse aux premiers *pourquoi* de la raison ; la réponse aux derniers *pourquoi* constitue précisément la PHILOSOPHIE.

Etudier les manifestations de l'esprit humain, de l'énergie humaine, dans le temps et dans l'espace, c'est l'objet des sciences historiques. Etudier les phénomènes de la nature, en rechercher les lois invariables, c'est l'objet des sciences physiques.

Mais si, non content d'étudier les manifestations de l'esprit humain, de l'énergie humaine, je recherche la cause première de ces manifestations, la nature même de cet esprit et de cette énergie qui ont produit de si grandes choses; si, non content d'étudier les phénomènes naturels et leurs lois, je recherche la cause de ces lois et la nature même de la matière où elles se manifestent ; si enfin, non content d'étudier l'âme, qui est la cause des phénomènes spirituels, et le monde matériel, qui est la cause des phénomènes physiques, je cherche à m'élever jusqu'à la cause dernière du monde et de l'âme, qui est Dieu, je fais acte de philosophie, je suis PHILOSOPHE.

Définition de la Philosophie

La philosophie peut donc se définir *la science des raisons dernières des choses.*

On l'a quelquefois définie la *science des causes* ou la *science par les causes.* Cette définition, car les deux n'en font qu'une, est absolument la même que celle que nous avons donnée, pourvu que par le mot *causes* on entende les causes dernières. On dit encore avec Aristote que la philosophie est la *science des principes.* Cette définition est identique à la nôtre : par *principes* Aristote entend les causes dernières.

Cette définition a meme l'avantage de convenir d'une manière précise à toutes les parties de la philosophie. Les principes, en effet, sont de l'ordre logique, de l'ordre idéal ou de l'ordre réel.

L'étude des *principes* dans leur application à la formation d'un acte intellectuel constitue la *Logique.*

L'étude des *principes* dans leur application à nos actes volontaires constitue la *Morale.*

L'étude des *principes idéaux*, selon lesquels nous concevons la liaison absolue des choses, constitue la metaphysique générale ou *Ontologie.*

Enfin l'étude des *principes réels*, qui nous rendent compte de l'existence et de la possibilité des choses, constitue la Métaphysique spéciale, laquelle comprend l'étude de l'âme ou Psychologie, l'étude du monde ou Cosmologie rationnelle, l'étude de Dieu ou Théologie naturelle, plus communément Théodicée.

La Philosophie est donc vraiment la *science des raisons dernières* ou, ce qui revient au même, la *science des principes.* C'est ce que les anciens appelaient la *Sagesse* σοφία. Pour eux, le SAGE, σοφός était l'homme qui s'adonnait à l'investigation des causes.

Felix qui potuit rerum cognoscere causas.

Mais rechercher les causes est un signe qui indique qu'on ne les connaît pas encore. Aussi Pythagore, à qui l'on demandait s'il était un sage, répondit avec modestie et vérité : « Je ne suis pas un sage, σοφός je suis un ami de la sagesse, φιλόσοφος. »

Objet de la Philosophie déterminé par une classification des sciences.

Pour déterminer nettement L'OBJET de la philosophie, pour circonscrire absolument son domaine, il est utile de montrer la place qu'elle occupe dans l'ensemble des sciences.

Celui qui connaît, connaît *quelque chose*, c'est donc *l'objet* qui spécifie la science, et non pas le *sujet*, comme semble l'avoir pensé Bacon.

Classification de Bacon.

Ce philosophe divise les connaissances humaines d'après la faculté à laquelle elles semblent se rapporter plus particulièrement. Suivant lui, il y a les sciences de la *mémoire*, les sciences de *l'imagination* et les sciences de la *raison*.

Les premières sont les sciences historiques ; les secondes comprennent la littérature et les beaux-arts ; les troisièmes ont rapport aux mathématiques et à la Philosophie. Telle est la classification adoptée au dix-huitième siècle par les encyclopédistes.

On voit du premier coup le vice de cette classification. D'abord, ce ne sont pas les facultés de l'esprit qui s'imposent aux choses et les font ce qu'elles sont ; au contraire, ce sont les choses qui s'imposent à l'esprit et qui le déterminent. Il faut donc diviser les sciences d'après *l'objet*, et non pas d'après le *sujet*. En second lieu, la classification de Bacon est absolument frivole et même fausse. La mémoire, l'imagination et la raison sont en exercice dans l'acquisition de toutes les sciences. L'histoire demande l'emploi de la raison et de l'imagination ; les beaux-arts ne peuvent se passer de la raison et de la mémoire ; la mémoire et l'imagination ne peuvent être exclues des mathématiques et de la Philosophie.

Classification des sciences d'après leur objet.

Nous allons donc essayer une classification des sciences d'après leur *objet.*

L'objet qui se présente d'abord à nous, c'est la terre. La terre, au point de vue des différentes couches qui la composent, est l'objet d'une science toute nouvelle, la géologie. — Dans les couches terrestres, nous découvrons des minéraux ; les minéraux, considérés quant à leurs formes, sont l'objet de la minéralogie. — Si nous les considérons quant à leurs propriétés, ils sont l'objet de la Physique. — Si nous les considérons quant à leurs éléments, à leurs formations et transformations possibles, ils sont l'objet de la chimie.

Sciences cosmologiques.

Sur la surface de la terre, dans les airs et dans les mers, nous trouvons la vie végétale et la vie animale. Les végétaux et les animaux, au point de vue le plus général, sont l'objet de l'histoire naturelle. — Si nous étudions leurs organes en les séparant les uns des autres, en séparant les éléments mêmes de ces organes, nous avons l'anatomie végétale et l'anatomie animale. — Si nous étudions les organes des végétaux et des animaux, non plus dans leurs éléments, mais dans leurs fonctions, nous avons la physiologie végétale et la physiologie animale. Ces sciences s'appellent aussi biologie.

Toutes les sciences que nous venons d'énumérer peuvent être nommées *cosmologiques*, puisque leurs objets constituent l'ensemble du monde matériel et visible.

Sciences mixtes. Nous nous trouvons maintenant en face de sciences d'un genre tout différent : les sciences mathématiques. Nous faisons abstraction des choses matérielles, de façon à ne considérer que leur *quantité* ; c'est-à-dire leur nombre et leur étendue. La science des nombres s'appelle l'arithmétique ; la science de l'étendue et de ses propriétés s'appelle la géométrie. — Si maintenant à l'étendue abstraite nous ajoutons la résistance, nous avons l'action des corps résistants les uns sur les autres, ce qui donne lieu à la mécanique. Les sciences mathématiques appliquées à la mesure et à la détermination du mouvement des astres, s'appellent l'astronomie.

Les sciences dont nous venons de parler ont été nommées *sciences mixtes*, parcequ'elles participent à la fois des sciences cosmologiques, puisqu'elles ont leur fondement dans la quantité réelle, et des sciences noologiques, ou de l'esprit νόος puisque leur objet est quelque chose d'abstrait qui ne peut *en soi* tomber sous les sens.

Sciences noologiques. Ici donc nous rencontrons le monde intellectuel et moral, d'où le nom de *noologiques* donné aux sciences dont nous allons parler.

Les sciences noologiques comprennent, outre les sciences proprement dites morales, les sciences philosophiques.

1° Sciences morales. Les Sciences morales, ainsi appelées parce qu'elles ont leur fondement et leur source dans la nature morale de l'homme, sont :

La politique, ou science du gouvernement des hommes.

Le droit, ou science des lois.

La jurisprudence, ou science de l'interprétation des lois.

L'histoire sous toutes ses formes, ou le récit et l'appréciation des actes de l'homme vivant en société.

La philologie, ou science du langage.

L'esthétique, ou science du beau.

L'économie politique, ou science de la richesse.

Tel est le tableau des sciences morales, et avec elles finit la classification des sciences qui n'ont point pour objet les raisons dernières des choses.

2°
Sciences Philosophiques

Il s'agit donc maintenant de rechercher *les raisons dernières des choses*, et ici commence le domaine de la PHILOSOPHIE.

Nous recherchons la cause de tout ce qui a fait l'objet des sciences morales, et nous arrivons aux facultés de l'âme, qui sont l'objet de la psychologie dite expérimentale, parce que les faits dont elle s'occupe relèvent immédiatement de la conscience.

Nous trouvons que l'âme a deux facultés maitresses, l'intelligence et la volonté. L'étude des règles applicables aux lois de l'intelligence s'appelle la Logique. L'étude des règles applicables à la volonté s'appelle la Morale.

Nous arrivons maintenant au principe de toutes les facultés humaines, au *moi* identique et personnel, à l'âme, substance simple, spirituelle, immortelle. C'est l'objet de la psychologie rationnelle.

En second lieu, nous nous trouvons en face de la nature en tant qu'elle est le sujet et la cause des phénomènes physiques. L'étude du monde et de la nature, dans sa composition intime et ses lois générales, s'appelle Cosmologie rationnelle.

Enfin, procédant des causes secondes à la cause première, nous arrivons à Dieu, raison Suprême de toutes choses. C'est l'objet de la Théodicée. Après, il n'y a plus *rien*.

On voit par cette classification combien est

exacte la définition que nous avons donnée de la philosophie.

On voit en même temps comment les sciences particulières ont leur domaine à part, et comment toutes, en réalité, ont leur racine première dans la philosophie. C'est elle en effet qui leur fournit leurs principes, qu'elles reçoivent sans les discuter. Nous pourrions ajouter qu'elle contrôle leurs méthodes, et qu'enfin elle préside à leur couronnement.

La Philosophie des sciences.

En effet, chaque science, arrivée à un certain degré de développement, fait le recensement des notions les plus générales qu'elle trouve dans son domaine, établit le rapport de ces notions entre elles, les coordonne, les subordonne, en un mot, les systématise. Et alors, ce n'est plus la chimie, par exemple, mais la philosophie de la chimie, ce n'est plus l'histoire, mais la philosophie de l'histoire. L'historien qui recherche les causes de la Révolution française en particulier, fait de *l'histoire philosophique*, il ne fait pas la philosophie de l'histoire. Pourquoi? Parcequ'il ne s'élève pas jusqu'aux principes supérieurs qui dominent les événements. Mais si, considérant les causes qui ont amené les différentes révolutions, il arrive à des lois générales qui puissent s'appliquer au passé, au présent, à l'avenir, alors, il fait la *philosophie de l'histoire*, il est vraiment philosophe. Ainsi, au dix-septième siècle, Bossuet, après St Augustin, dans *la suite des Empires*; ainsi, au dix-huitième siècle, Herder et Vico.

Division de la Philosophie.

La division de la philosophie ressort tout naturellement de la classification précédente.

Psychologie expérimentale.
Logique
Morale
Psychologie rationnelle
Cosmologie rationnelle

Théodicée

On peut encore diviser la philosophie en deux parties générales.

Philosophie pratique : Logique et Morale.

Philosophie spéculative : Métaphysique.

En effet, s'il y a dans toute science une partie vraiment pratique, comme dans la géométrie l'arpentage, à plus forte raison devrons-nous trouver dans la philosophie, qui est véritablement la Science des sciences, parce qu'elle donne à toutes les sciences leurs principes, une partie qui tend immédiatement à l'action. Cette partie comprend la Logique et la Morale. La partie purement théorique ou spéculative s'appelle la Métaphysique; elle a pour objet l'être en tant qu'être et les êtres suprasensibles, à savoir l'âme, le monde considéré au point de vue rationnel, et Dieu.

Nous pouvons donc résumer les questions de métaphysique :

Nature, ordre et méthode des questions de Métaphysique.

1° Qu'est-ce que l'être en tant qu'être, quelles sont ses propriétés, et comment se divise-t-il ?

2° Qu'est-ce que l'âme, quelles sont ses facultés, quelle est sa destinée ?

3° Qu'est-ce que le monde, quelle est la nature des éléments du monde, qu'est-ce que la matière, qu'est-ce que la vie ?

4° Qu'est-ce que Dieu, est-il, qu'est-il, quelles sont ses opérations ?

L'ancienne métaphysique commençait par la question que nous avons posée la première, par la métaphysique générale ou Ontologie. Depuis Descartes, le point de départ philosophique a été changé. Au lieu de spéculer sur l'être en tant qu'être et sur ses propriétés idéales, le philosophe descend dans sa propre conscience ; il y saisit l'être sous sa forme concrète : le *moi*. Bientôt ce *moi* lui apparait comme le type de la substance, de la causalité, le type de la personnalité. C'est donc par la psychologie que débute la métaphysique moderne.

Non seulement elle trouve dans l'intuition du moi la réalité de toutes les notions dont elle s'aidera dans la suite dans ses spéculations sur le monde et sur Dieu, mais encore elle se pose en débutant le problème de la certitude. En effet, avant d'entamer la métaphysique, il est bon de savoir si une métaphysique est possible, bien plus, si nos facultés sont capables de saisir le vrai, l'être en soi. Alors, elle discute les théories des sceptiques et des dogmatistes, elle venge la raison humaine des rêveries de l'idéalisme, et elle établit fermement le criterium ou la règle de la vérité.

Ensuite, certains de pouvoir arriver au vrai, trouvant en nous-mêmes la réalité des notions applicables à toutes les parties de la métaphysique, nous étudierons l'âme, non plus dans ses facultés, mais dans sa nature intime, dans son immatériabilité, dans sa spiritualité, d'où nous conclurons sa survivance immortelle. Alors se posent devant nous les questions qui ont trait à la métaphysique de la nature : L'origine du monde, les différents systèmes des philosophes au sujet de l'élément formateur du monde, le mécanisme matérialiste de Démocrite et d'Epicure, le dynamisme d'Aristote et de Leibniz, le problème de la matière et le problème de la vie.

Enfin, la connaissance de nous-mêmes et du monde nous élève à la connaissance d'un Dieu créateur, d'un Dieu personnel.

Tel est l'ordre des questions métaphysiques. Quant à la méthode suivant laquelle nous devons traiter ces questions, elle ressort de cet ordre même : l'ordre est psychologique, la méthode est psychologique. L'édifice que nous élevons ainsi n'est point une construction en l'air à la façon des panthéistes, il repose sur le moi comme sur un fondement ferme. Cette méthode est donc une induction d'ordre supérieur par laquelle nous nous élevons de la réalité finie à la réalité infinie, du contingent réel au réel nécessaire, du conditionnel à l'absolu.

PSYCHOLOGIE

II

Objet de la Psychologie. — Caractères propres des faits qu'elle étudie : les faits physiologiques et les faits psychologiques.

Objet de la Psychologie. La Psychologie a pour objet *les faits internes qui tombent immédiatement sous l'œil de la conscience, et le sujet de ces faits, qui est le moi.*

On peut définir la conscience : l'acte par lequel l'âme se saisit elle-même dans ses modifications présentes. Nous disons *présentes* pour distinguer l'acte de conscience de l'acte de mémoire, lequel a pour objet les états antérieurs de l'âme. *Se saisit elle-même* ; en effet, ce n'est pas médiatement, par voie de conséquence, que l'âme s'appréhende dans le fait de conscience. Directement elle se saisit comme objet connu et sujet connaissant. Ici, et seulement ici, il y a identité du sujet et de l'objet ; par conséquent, rien ne peut nous être plus connu que notre moi. D'où la pensée de Descartes que « l'âme est plus facile à connaitre que le corps. »

Division générale de la Psychologie. Si la Psychologie a pour objet le moi et ses modifications internes, il s'ensuit qu'elle comprend deux parties générales, ou plutôt qu'elle forme deux sciences :

La Psychologie expérimentale, qui a pour objet

les opérations du moi et les facultés correspondantes.

La Psychologie rationnelle, qui a pour objet l'étude du moi, ou de l'âme, dans sa nature et sa destinée.

Des faits psychologiques.

On appelle *psychologiques* les faits internes dont la conscience est le témoin. Fait de conscience, ou fait psychologique, c'est tout un : on dit fait psychologique, par opposition à fait de l'ordre physique. Le premier caractère de ces faits est donc d'être objets de conscience.

Leur second caractère est la *simplicité*, toujours par opposition avec les phénomènes physiques, lesquels consistent en mouvements de molécules: quoi de plus *simple* qu'une pensée !

Analysons le fait de conscience.

Je *marche*, est-ce un fait de conscience ? — Non et oui. Non, car le jeu des muscles n'est pas connu du moi ; oui, car l'effort qu'imprime la volonté à l'organisme et la sensation de la marche sont perçus par ma conscience. Donc les sensations et les actes de la volonté sont du domaine de la conscience ; mais le jeu des muscles et tout ce qui s'y rapporte lui est étranger.

Je *vis*, les phénomènes physiologiques qui constituent la vie de mon corps échappent à ma conscience. Mais je sens que je vis ; cette sensation générale de la vie est donc un fait psychologique.

Les choses extérieures perçues par mes sens ne sont point l'objet *immédiat* de ma conscience : je n'ai pas conscience de l'objet que voici ; mais j'ai conscience de le voir, de le toucher, de le sentir.

Je *connais* Dieu ; j'ai conscience d'avoir la connaissance de Dieu, mais je n'ai pas conscience de Dieu. Si j'avais conscience de Dieu, je serais Dieu. Connaître ma connaissance, ma volition, ma sensation, c'est précisément l'acte de ma conscience. — N'allons donc point dire avec Hamilton que la conscience est *coextensive* à toutes nos facultés, c'est-à-dire qu'elle s'étend aussi loin qu'elles, qu'elle les résume toutes, ou encore, selon la théorie de l'école anglaise contemporaine, qu'il n'y a qu'une faculté, la conscience.

De la précédente analyse il résulte que le domaine de la conscience comprend nos sensations, nos idées, nos volitions, et, comme dans tous ces phénomènes, le moi lui-même se saisit et s'affirme comme *sujet*, *substance* et *cause*, ajoutons que le domaine de la conscience comprend le moi *immédiatement* saisi comme *chose en soi*, relativement aux phénomènes multiples et variables dont il est le théâtre, le sujet ou la cause.

De l'Inconscient

D'après une théorie contemporaine en vogue dans l'école anglaise et vulgarisée en France par M. Taine, le moi serait le sujet de phénomènes dont il n'aurait pas conscience. Donc, par phénomènes inconscients, les philosophes de l'école dont nous parlons entendent des phénomènes vraiment psychologiques, c'est-à-dire absolument semblables à ceux qui tombent sous l'œil de la conscience, et qui cependant seraient inconscients.

On cite le meunier qui dort au bruit de son moulin, et qui par conséquent n'a plus conscience de l'entendre. On nous parle du bruit de la mer, composé de mille bruits particuliers ; si nous entendons le tout, il faut bien que nous entendions les parties; de cela cependant nous n'avons nulle conscience.

Cette théorie de l'inconscient semble remonter à Leibniz. Toutefois ce philosophe n'a jamais prononcé le mot *inconscient*, il parle seulement de phénomènes de conscience basse, sourde et obscure, ce qui est tout différent.

Aux partisans de la théorie de l'inconscient, nous objecterons d'abord l'espèce de contradiction enveloppée dans ce mot *inconscient*. Pour les phénomènes internes, à savoir : sensations, idées, volitions, il semble qu'*exister* soit être *connus*. Qu'est-ce qu'une sensation que je ne sens pas, une connaissance que je ne connais pas?... N'y a-t-il point là une théorie toute d'imagination et voulue d'avance en vue d'un système préconçu, l'associationnisme et le déterminisme ?

Mais comment peut-on savoir qu'il y a des phénomènes inconscients ? Leibniz fondait sa théorie des impressions de sourde et basse conscience sur son *principe de continuité*, qui contenait lui-même en germe le déterminisme de la volonté. Toutefois, il serait difficile de nier absolument ces états de basse conscience, de conscience sourde et obscure. N'arrive-t-il pas à chacun de nous, à un moment donné, de ne pas savoir ce que nous venons de faire, ce que nous venons de penser, ou plutôt, de n'avoir de toutes ces choses qu'un souvenir vague et confus, lequel provient lui-mêmed'une conscience à peine éveillée.

Mais de cette état de conscience obscure à l'inconscience absolue, il y a loin. Sans doute l'habitude peut diminuer ce que nous appellerions la tonalité de la conscience, mais elle ne la détruit pas. Le meunier qui dort au bruit de son moulin, entend son moulin, et il a conscience de l'entendre ; la preuve, c'est qu'il s'éveille si le moulin s'arrête. C'est une illusion de croire qu'il faille entendre le détail des bruits de la mer pour entendre le bruit total ; on entend un bruit vague formé de tous les bruits.

Faits psychologiques et faits physiologiques.

Nous savons que les faits psychologiques sont les phénomènes internes du moi : sensations, pensées, volitions.

On appelle physiologiques des phénomènes d'ordre physique qui se rapportent aux fonctions des organes en vue de la conservation de la vie : la circulation du sang, la digestion, la sécrétion du foie, etc...

Ces deux ordres de faits ont cela de commun qu'ils sont observables et qu'ils se ramènent à des lois générales : c'est même à ce titre qu'ils sont vraiment scientifiques, car des faits par eux mêmes ne peuvent constituer une science. « Il n'y a pas de science du particulier » disait Aristote ; « nulla est fluxorum scientia » disaient les Scolastisques. La science ne tient compte que des lois.

Il est inutile de démontrer que les faits de l'ordre physiologique sont soumis à des lois, puisque aujourd'hui nous avons une science véritable appelée physiologie, depuis les travaux si remarquables de Claude Bernard.

Les faits de l'ordre psychologique sont également soumis à des lois, bien que la loi dans ce genre d'investigation soit plus difficile à déterminer et à renfermer dans une formule. Ainsi les phénomènes sensibles eux-mêmes, qui, au premier abord paraissent désordonnés par nature, se présentent pourtant sous une forme constante et d'après une loi : la sensation agréable produit le désir, la sensation désagréable produit l'aversion. Les faits intellectuels sont tellement réguliers dans leur mode d'apparition qu'Aristote a pu composer tout d'une pièce et pour toujours le code de la pensée. Les faits volontaires ne se produisent pas sans une idée ou une connaissance préalable, et toutes nos facultés s'enchevêtrent de manière que, sans se confondre jamais, elles concourent toutes à l'acte propre de chacune d'elles : une sensation amène une pensée, la pensée une volition ; la volonté à son tour excitera la pensée, à laquelle correspondra une sensation. Donc, les faits psychologiques, comme les faits d'ordre physiologique, sont observables et peuvent se ramener à des lois fixes ; donc la psychologie expérimentale, qui a pour objet ces faits, est vraiment une science.

Distinction de ces faits.

Au reste, si, dans toutes les sciences de faits, il y a observation et induction, la science psychologique diffère essentiellement de toutes les autres, et en particulier de la physiologie, par la manière d'observer les faits, par la nature des faits, par leur origine et leur destination.

1° Les faits psychologiques sont observés directement par la conscience ; dans cette observation, nous l'avons déjà dit, il y a identité du sujet et de l'objet. Les faits de l'ordre physiologique et de l'ordre physique en général sont observés, saisis et étudiés au moyen des sens, aidés d'instruments qui en augmentent la portée.

2° Les faits de l'ordre interne ont pour caractère essentiel la simplicité ; ils sont simples, c'est-à-dire qu'ils ne peuvent s'exprimer par le mouvement, et qu'ils ne consistent pas en un déplacement de molécules, ce qui est le caractère propre des phénomènes physiologiques. Comparons la pensée et la circulation du sang. Quel rapport y a-t-il entre deux phénomènes si distincts ? Peut-on concevoir une pensée en mouvement, une pensée mesurable ? Une volition a-t-elle de l'étendue et de la vitesse ? Donc le phénomène physiologique, qui s'exprime par le mouvement et qui a une étendue appréciable, est essentiellement distinct de la pensée, qui est une et indivisible.

3° La pensée a son origine, son principe et sa

cause dans le moi. C'est *moi* qui pense. Dirai-je également que c'est *moi* qui fais circuler mon sang? que c'est *moi* qui m'applique à cette élaboration de la nourriture qu'on appelle la digestion? Non, ces deux phénomènes se produisent en mon corps sans moi, soit que je veille, soit que je dorme. Je connais donc très clairement le principe et la cause de mes phénomènes internes : ce principe, cette cause, c'est le moi.

Mais quel est le principe et la cause des phénomènes physiologiques? Je n'en sais rien. C'est à la science de déterminer les conditions de ces phénomènes, et ces conditions déterminables sont, paraît-il, physico-chimiques. Mais la vie elle-même, le principe de la vie, voilà ce qui échappe à la science comme à la psychologie expérimentale. C'est là un problème de métaphysique que nous chercherons à résoudre plus tard.

Quoi qu'il en soit, les phénomènes psychologiques diffèrent des phénomènes physiologiques par leur origine, en ce sens que si l'âme est réellement le principe de la vie du corps, cette opération vitale ne tombe pas sous l'œil de la conscience et n'appartient pas au moi ; la cause en est donc expérimentalement inconnue, tandis que la cause des phénomènes internes est ce qui m'est le plus connu, puisque c'est *moi*.

4° Les phénomènes d'ordre physiologique se rapportent tous en dernier lieu à la conservation de l'organisme. Est-ce que les faits d'ordre psychologique n'ont pas une fin différente, sinon parfois opposée? Si l'on peut admettre que la sensation est en partie destinée à la conservation du corps vivant, on ne peut nier qu'elle est en général d'une destination beaucoup plus haute. Elle éveille l'intelligence, la met en relation avec le monde extérieur; sous sa forme la plus élevée et la plus délicate, elle est la source de sentiments qui font, avec l'intelligence, la dignité de l'homme. Quant à l'intelligence et à la volonté, il est évident que la conservation directe de l'organisme est la moindre de leurs préoccupations. Elles ont des fins d'une supériorité incontestable: le vrai, le bien, le beau, voilà leur domaine. Que dis-je? Très souvent elles se trouvent en contradiction complète avec le bien-être du corps, et même avec la conservation de la vie. Il arrive en effet qu'une simple idée, l'idée impérative du devoir, entraine malgré lui l'organisme vivant à une mort certaine. Le suicide lui-même est là pour montrer la différence essentielle qui existe entre les phénomènes vitaux et les phénomènes du moi : le moi, par un seul acte de volonté déréglée, brise son organisme.

Il résulte de cette analyse qu'il y a une différence essentielle entre les faits de l'ordre psychologique, ou internes, et les faits de l'ordre physiologique ; que les faits, étant d'une nature si différente, se rapportent à des principes différents, et qu'ils sont l'objet de deux sciences également distinctes ; que par conséquent la physiologie n'est pas la psychologie, que la science qui s'occupe de la vie du corps n'est pas la même que la science qui traite du moi et de ses opérations.

Leurs rapports.

Une manière de philosopher, d'une origine relativement très récente, importée d'Angleterre et d'Allemagne, et naturalisée en France sous le nom de méthode psycho-physique, part de cette idée que tout phénomène interne doit être déterminable, ayant par sa nature deux faces, la face interne, qui est psychologique, et la face externe, qui est physiologique; on prétend faire de la psychologie par le dehors, en combinant d'une certaine manière l'observation cérébrale avec l'observation interne du moi.

Cette école est peut-être arrivée à certains résultats de détail incontestés; mais elle n'est point appelée à renouveler la psychologie. Seulement, elle aura éveillé l'attention des philosophes sur l'influence des conditions physiologiques dans la production des phénomènes internes.

Il faut donc terminer cette étude en disant que, si les phénomènes physiologiques sont distincts essentiellement des phénomènes psychologiques, cependant, comme ces deux ordres de phénomènes se passent à la fois dans un même être, qui est l'homme, et qu'il y a une certaine adaptation des premiers aux seconds, nous ne devons pas regarder la physiologie comme absolument étrangère à la psychologie : ces deux sciences se prêtent mutuellement leurs lumières.

III

Méthode de la Psychologie.

Méthode subjective : la réflexion. —

Méthode objective : les langues, l'histoire.

Nous avons déjà dit que la Psychologie expérimentale consiste dans l'observation des phénomènes du moi, que nous rattachons à des lois.

De la Méthode d'Observation dans la Psychologie et dans les sciences physiques.

Si la méthode en Psychologie est la méthode d'observation, appelée aussi méthode expérimentale, il serait intéressant de savoir si cette méthode s'emploie en Psychologie absolument comme dans les sciences physiques.

La méthode expérimentale, dans les sciences physiques, comprend trois procédés principaux : l'observation, l'expérimentation et l'induction.

1° Nous avons vu comment l'*observation* en Psychologie diffère de l'observation dans les sciences physiques : celle-ci a lieu à l'aide des sens et d'instruments appropriés aux sens, celle-là se fait directement par la conscience ou la réflexion. De plus, l'observation dans les sciences physiques ne saisit que le phénomène, le côté variable des choses, ce qui change, ce qui passe, tandis que l'observation en Psychologie appréhende directement *la chose en soi*, la substance, le moi permanent et invariable. Donc, au point de vue de la simple observation, on peut dire, avec Descartes, que l'âme est plus aisée à connaître que le corps.

2° *Expérimenter*, c'est reproduire artificiellement un phénomène, le placer dans des conditions nouvelles pour le mieux observer. Le physicien ne se contente pas d'observer la nature, il l'excite, il la provoque, il la met à la *torture*, pour lui arracher son secret. La Physiologie elle-même, au moins depuis Claude Bernard, est devenue une science expérimentale. Les savants ont trouvé le moyen de faire des expériences sur les tissus vivants, par exemple, au moyen de toxiques qui placent l'organisme dans des conditions spéciales, en vue d'une observation plus facile et plus féconde.

L'expérimentation est-elle possible en Psychologie? peut-on provoquer des phénomènes du moi, dans l'unique intention de les étudier mieux ?

Jouffroy, que des habitudes de méditation solitaire avaient rendu très apte à l'observation psychologique, semble croire que l'esprit peut ainsi se replier sur lui-même volontairement, èt se placer dans des conditions favorables à l'étude du psychologue.

Nous pensons que cette opération est bien difficile : l'effort que l'on ferait pour provoquer un phénomène absorberait toute l'énergie du moi ; au lieu de se fixer sur le phénomène provoqué, l'attention se retournerait sur elle-même. Bien plus, peut-être l'observation psychologique, nous ne disons pas l'expérimentation, mais la simple observation, se fait-elle rarement d'une manière directe. Nous nous observons plutôt dans le passé que dans le présent, et nous pourrions dire que, dans l'étude du moi, la mémoire tient presque autant de place que la conscience.

Si l'expérimentation *directe* n'est guère possible, il n'en est pas tout à fait de même de l'expérimentation *indirecte*.

Nous pouvons admettre, avec l'école psychophysique, que tout phénomène de conscience a son accompagnement et sa condition physique dans un phénomène cérébral. Or le cerveau est un vaste champ d'expériences : on peut donc, en agissant sur le cerveau, agir *indirectement* sur le moi. Cependant, aux essais tentés jusqu'à présent correspondent des résultats bien modestes. Ainsi, on a constaté que la *motilité* est indépendante de la sensibilité ; mais l'école d'Aristote enseigne cette vérité depuis longtemps. Enfin on a découvert, parait-il, que l'excitation nerveuse a plus de durée que la sensation, et que la sensation elle-même n'est point en raison directe de l'excitation.

Au reste, cette expérimentation indirecte s'exerce moins sur l'homme que sur l'animal. Les résultats obtenus sur l'animal sont, par voie d'analogie, appliqués à la nature humaine.

Il est d'ailleurs évident que ces moyens expérimentaux ne peuvent changer la Psychologie dans son ensemble, et que, si le jeu de l'organisme peut m'éclairer sur les *conditions* de la sensation, je ne puis y trouver des lumières sur la nature de la sensation elle-même, fait éminemment *simple*, qui n'a aucune ressemblance avec l'impression organique correspondante, et beaucoup moins encore sur la nature de mes facultés supérieures, l'intelligence et la volonté.

3° L'*induction*, qui est la mère de toutes les sciences expérimentales, a-t-elle, lorsqu'on l'applique aux faits internes du moi la rigueur qu'elle présente quand on l'applique aux faits du monde extérieur ?

Dans les sciences physiques, l'induction exprime un résultat qui peut se traduire par une formule algébrique, un résultat qu'on peut vérifier quand on veut.

Les faits psychologiques, d'un ordre tout différent, dans lesquels la spontanéité de l'âme déroute et déconcerte la précision du calcul, ne se prêtent point à la rigueur des formules algébriques. Par conséquent, l'*induction*, en Psychologie, a quelque chose de plus large, de plus flottant, de plus indécis que dans les sciences. Cela ne vient pas de l'infériorité des phénomènes qu'on étudie, mais au contraire de leur dignité supérieure : l'âme humaine, dans son activité presque infinie, ne peut tenir dans une formule. En ce sens donc, retournant la pensée de Descartes, nous pouvons dire que l'âme est moins *aisée* à connaître que le corps.

Méthode subjective. Méthode objective.

L'âme s'observe et se connaît en se repliant sur elle-même par la réflexion, et c'est pour cela que la méthode psychologique, considérée à ce point de vue, est dite méthode *subjective* : c'est le *sujet* qui se replie sur lui-même et se pose comme *objet*.

Cette méthode est-elle suffisante ?

Je puis ainsi apprendre ce que je suis ; puis-je savoir ce que sont les autres ? Peut-être ai-je plus que les autres ; peut-être aussi ai-je moins. Dans tous les cas, je diffère de tous les autres, car le moi personnel est quelque chose de très complexe. Dans la formation de mes idées, de mon caractère, de mon état intérieur, entrent des influences diverses : l'éducation que j'ai reçue, les livres que j'ai lus, les personnes qui m'entourent. Comment donc transporter justement cet état si complexe, et peut-être un peu factice, à tous les hommes ?

Je dois donc, pour la plus grande sûreté de la science psychologique, à l'observation *interne* du moi, à la méthode subjective ou de réflexion, ajouter l'observation *externe*, c'est-à-dire la *méthode objective*.

Comment la méthode objective est un contrôle et un complément de la méthode subjective.

En quoi consiste cette méthode? quels sont les moyens de contrôler, de vérifier et de compléter les faits internes du moi ?

1° *La vie sociale*. — Nous vivons en société, nous conversons avec nos semblables, nous leur communiquons nos pensées, ils nous font part des leurs, nous nous comprenons, nous nous entendons. Rien de ce qu'ils éprouvent ne nous est étranger ; nous sommes en relation parfaite de sentiments et de pensées. Nous voyons par là que leur moi est de même nature que le nôtre.

2° *Les langues*. — Les langues, qui expriment la pensée de l'homme et les nuances de ses sentiments, sont calquées sur la nature intime des faits psychologiques et sur leurs lois essentielles. C'est ainsi, par exemple, que les langues affirment les différences absolues que l'observation interne découvre entre la sensation et la pensée, entre le désir et l'acte de vouloir ; chez les Grecs νοεῖν et αἰσθάνεσθαι indiquent des phénomènes psychologiques entièrement différents. De même, chez les Latins, *cogitare* et *sentire*, *cupere* et *velle*.

3° *L'histoire*. — L'histoire, qui est la manifestation de la nature humaine constituée à l'état social, n'est pas moins riche en observations. Les passions de l'homme et sa liberté forment la trame de l'histoire. Enlevez à l'homme ses passions, son intelligence, et surtout sa liberté, l'histoire proprement dite ne sera plus qu'un chapitre de l'histoire naturelle, semblable à celui que cette science peut consacrer au travail des abeilles ou des castors.

4° *La littérature.* — N'oublions pas, comme source d'informations, la littérature des peuples, et surtout la poésie, qui est l'expression idéale de l'âme humaine. Horace a dit qu'on apprend mieux la morale à l'école d'Homère qu'à celle de Crantor. Ce qu'il dit de la morale, il aurait pu l'affirmer encore avec plus de vérité de la Psychologie : l'âme humaine est plus vivante et plus vraie dans les héros d'Homère que dans la froide analyse du Psychologue.

5° En physiologie, la méthode *comparative* consiste à étudier un organe dans les diverses phases de son développement, à le suivre dans toutes les variétés de l'espèce ; elle consiste encore à chercher les lois de déformation dans les êtres dont les organes s'éloignent de l'état normal. Ne peut-on, jusqu'à un certain point, appliquer cette méthode à la Psychologie, étudier l'état mental de l'enfant, de l'homme fait, du vieillard, comparer l'état mental de l'homme civilisé à l'état mental de l'homme sauvage, l'état mental de l'homme sain d'esprit à celui de l'homme qui subit des perturbations cérébrales ? Ne peut-on même, sortant de l'espèce humaine, et à l'aide de l'analogie, étudier l'animal dans les manifestations extérieures de sa sensibilité et de son instinct, afin d'y trouver des lumières sur l'état à peu près correspondant de l'âme humaine, afin surtout de marquer le point précis où s'arrête l'animalité, où commence la vie rationnelle et morale ?

IV.

Classification
des faits psychologiques :
Sensibilité. — Intelligence. — Volonté

Ramener les faits internes à des caractères généraux en négligeant les différences particulières, c'est là proprement en faire la classification.

Ramener ces classes de faits irréductibles à des *pouvoirs* spéciaux du moi, c'est déterminer les Facultés de l'âme.

J'éprouve du plaisir, de la douleur, de la joie, de la tristesse. Plaisir, douleur, joie, tristesse, voilà des phénomènes au premier abord bien différents, et en quelque sorte opposés ; cependant, on voit bientôt que sous des différences et des oppositions partielles, ils présentent tous un caractère commun : ils sont *sensibles*

Je sais, je doute, je comprends, je réfléchis, voilà encore des faits qui, sous des différences partielles, présentent un caractère commun : ils sont *intellectuels*.

Je veux, je ne veux pas, deux faits opposés qui se relient par leur caractère général : ils *relèvent de l'activité libre*.

Ces trois ordres de faits sont absolument irréductibles : une sensation ne peut pas plus se ramener à une pensée, qu'un acte de vouloir ne peut se ramener à une sensation.

A ces trois ordres de faits irréductibles correspondent nécessairement, dans le moi, trois pouvoirs spéciaux ou Facultés : la sensibilité, l'intelligence, la volonté.

Ici deux excès à éviter : les trois facultés sont-elles trois âmes distinctes, ou bien, ne sont-elles que trois manières d'envisager la même âme ?

C'est la même âme qui *sent, pense* et *veut,* ainsi que l'atteste le moi ; mais cette âme unique, se manifestant par des phénomènes distincts essentiellement, nous montre par là qu'elle est douée de trois pouvoirs absolument irréductibles.

C'est donc à bon droit que nous *distinguons* les facultés de l'âme ; mais gardons-nous de les *séparer* : ainsi que nous l'avons dit ailleurs, « elles s'enchevêtrent de manière que, sans se confondre jamais, elles concourent toutes à l'acte propre de chacune d'elles. »

V

Sensibilité.

Émotions : plaisir, douleur. — Sensation et sentiment. — Inclinations et passions.

La sensibilité est donc la faculté qu'a notre âme d'éprouver des émotions : l'émotion est agréable ou désagréable, elle est *plaisir ou douleur.*

Le plaisir et la douleur.

Je me promène dans la campagne, j'éprouve un sentiment de bien-être : mes yeux errent avec complaisance sur les bois, sur les fleurs. Je me repose d'une longue fatigue, je donne à mes muscles de l'activité ; voilà le phénomène du plaisir.

Il semble donc que le plaisir soit un état agréable résultant du développement normal de nos facultés ou de nos fonctions naturelles. Hamilton a défini le plaisir : « Le résultat de l'exercice libre et spontané d'un pouvoir dont la conscience perçoit l'énergie. » — En somme, le plaisir est le sentiment intime de *perfection* attaché à l'exercice de toutes les opérations normales, chez les êtres sensibles. — Le plaisir n'est pas l'*acte,* mais il est le résultat de l'acte, quelque chose qui s'ajoute à l'acte, qui l'accompagne, ou qui le suit, « il est à l'acte, d'après la poétique expression d'Aristote, ce que la fleur est à la jeunesse » ; on peut donc l'appeler la *fleur de l'acte.*

Je suis enfermé dans ma chambre, un travail ingrat me retient immobile, à peine un faible rayon de lumière pénètre jusqu'à moi ; voilà le phénomène de la douleur. Il semble que ce soit comme le sentiment pénible attaché à l'exercice irrégulier, anormal, excessif ou contrarié de nos fonctions et de nos facultés, ou encore, suivant l'expression d'Hamilton, « le résultat d'une activité qui outrepasse sa puissance, ou n'en atteint pas la limite. »

Rôle du plaisir et de la douleur dans la vie humaine

Nous voyons quel est à la fois le rôle du plaisir et de la douleur dans la vie humaine. Le plaisir est un *excitant*, non seulement de l'ordre *physique*, mais encore de l'ordre *intellectuel* et *moral*. La nature désire de nous certains actes utiles et même nécessaires à la conservation de la vie, au développement de notre intelligence, à la perfection de notre volonté ; elle a mis dans l'accomplissement de ces actes un plaisir. Ce plaisir n'est point la *fin* de l'acte, il en est comme l'assaisonnement et la récompense anticipée.

Malheureusement, le plaisir a un tel attrait par lui-même, que, trop souvent, il se substitue à la fin véritable de nos actes : le plaisir devient un but. De là tous les désordres, mais de là aussi la douleur.

Le rôle de la douleur dans la vie humaine n'est pas moins important que celui du plaisir. La douleur nous avertit de la limite de nos puissances, c'est un avertissement qui ne trompe jamais. Le plaisir recherché pour lui-même, étant un renversement de l'ordre, produit toujours la douleur, sinon immédiatement la douleur physique, au moins la douleur morale que nous appelons le remords.

Le rôle de la douleur est tel dans la vie, que nous ne concevons pas une vie sans douleur. C'est par la douleur que l'enfant est averti des dangers physiques qui le menacent ; c'est par la douleur qu'il développe son intelligence, μετὰ λύπης μάθησις ; c'est par la douleur qu'il se forme au bien, à la vertu. La vertu et la science sont presque synonymes de douleur, et les hommes ont au fond tant d'estime pour la souffrance, que tout ce qui les intéresse le plus en ce monde, ce sont précisément les luttes de la vertu, et, par conséquent, le triomphe de la liberté par la douleur.

C'est que la vie présente n'est point le théâtre du plaisir, mais le champ de bataille où la vertu s'exerce. Nous ne sommes point en ce monde pour le plaisir, nous sommes en ce monde pour le devoir. Aussi qu'arrive-t-il ? Ceux qui embrassent la vie comme on se livre à une partie de plaisir, marchent de déception en déception, et arrivent au découragement ; de là ce *scepticisme* désolé, ce *pessimisme* qui envahit tant d'âmes d'élite. Ces âmes ont vu la vie par le côté faux : elles ont cherché le plaisir, et n'ont trouvé que la douleur. — Socrate, au moment où le serviteur des Onze lui enlève ses fers, se frotte la jambe, et ressent un plaisir : alors, il pose à ses disciples ce problème : « Est-ce que le plaisir ne serait point attaché à la douleur, de manière que celui qui cherche l'un trouve l'autre ? » — Assurément, il en est ainsi. Qui cherche le plaisir pour le plaisir, trouve la douleur, l'ennui et le dégoût; qui cherche la douleur, c'est-à-dire le travail, l'effort, la lutte, trouve le plaisir.

Il suit de là que le plaisir est, de sa nature, bien supérieur à la douleur. Kant, ainsi qu'Épicure, n'a vu dans le plaisir qu'un état en quelque sorte *négatif* : pour ces Philosophes, le plaisir ne paraît être qu'une absence de douleur. Certainement, c'est le contraire qui est vrai. Le plaisir est quelque chose de *positif*, puisqu'il est, avons-nous dit, le résultat, le complément, la fleur de l'acte. La douleur est une privation, et, par conséquent, jusqu'à un certain point, elle répond à une idée *négative*. Il s'ensuit que la douleur est un accident de la vie d'épreuve où nous sommes, qu'elle n'a rien à voir avec notre véritable *fin*, tandis que le plaisir, fleur et complément naturel de nos actes, nous indique à sa manière que nous sommes faits pour le bonheur. Donc la douleur disparaîtra un jour ; mais le plaisir, sous la forme supérieure de la *félicité*, doit être *éternel*.

Caractères généraux de la sensibilité, ou du phénomène sensible.

Tout phénomène sensible se termine au moi, sans avoir la vertu de représenter rien en dehors du moi. Tout phénomène sensible est donc purement *subjectif* : je *sens* ma douleur, *j'éprouve* ma joie.

Le phénomène sensible n'est pas produit par le moi ; il est reçu par le moi, il est *subi* par le moi : *patior*. Le phénomène sensible est donc entièrement *passif*.

Par le fait, le phénomène sensible est *fatal* ; je ne suis pas libre d'éprouver ou de ne pas éprouver la douleur ; je ne puis, par un acte de ma volonté, me constituer impassible ; — ce qui dément la doctrine stoïcienne sur l'impassibilité du Sage.

De plus, le phénomène sensible, et par conséquent la sensibilité, est essentiellement *mobile et variable* : la sensibilité se modifie selon le tempérament, le climat, l'âge et le sexe.

Chaque âge a ses plaisirs, son esprit et ses mœurs.

Enfin l'état sensible de l'âme se reflète sur le visage, se manifeste par des gestes : la sensibilité est donc *expressive*.

Sensation. — Sentiment.

Nous avons dit que la sensibilité est la faculté d'éprouver des émotions. L'émotion éprouvée est d'une nature différente, selon qu'elle vient des sens, qui ont leur siège dans les organes, ou qu'elle naît du fond même de l'âme, sans l'intermédiaire d'aucun organe, et à l'*occasion* d'un fait de l'ordre moral ou intellectuel. Il y a donc une sensibilité physique, et une sensibilité intellectuelle et morale, ou plutôt, une seule faculté de sentir capable d'éprouver trois genres d'émotions. Le premier ne ressemble point aux deux autres, et les deux derniers se distinguent encore : autre chose est l'émotion ressentie à la vue d'un ami longtemps attendu, et l'émotion qu'on éprouve en face du grand spectacle de la mer. En un mot, la sensibilité est *physique*, en tant qu'elle éprouve des sensations, comme le plaisir de la nourriture après une longue course. Elle est *morale*, en tant qu'elle éprouve des sentiments de l'ordre moral, comme le plaisir de voir un ami. Elle est *intellectuelle*, en tant qu'elle éprouve des sentiments de l'ordre intellectuel, comme le plaisir de résoudre un problème après de longs efforts.

De la sensibilité physique.

Une sensation est l'émotion éprouvée par mon âme à l'occasion de l'impression faite sur les organes des sens par un objet extérieur, et, plus exactement peut-être, l'émotion produite en notre âme à l'occasion d'une impression organique.

Produite, éprouvée : en effet, la sensation est un phénomène dans la production duquel notre âme est passive.

En notre âme : le phénomène est psychologique, et non pas purement physique : la sensation est quelque chose de simple, de matériellement insaisissable, elle est l'objet direct de la conscience, elle a enfin tous les caractères qui distinguent un fait de l'âme d'un fait du corps.

A l'occasion d'une impression faite sur les organes des sens : le mouvement nerveux, purement organique de sa nature, ne peut se communiquer à l'âme, qui est spirituelle. Mais, à cause de l'union étroite qui existe entre le corps et l'âme, par le fait même que le corps reçoit une impression, l'âme est émue, et cette émotion *toute seule* constitue la sensation.

Par un objet extérieur : en effet, un objet extérieur a été *mis en contact* avec l'organe, l'organe a été *impressionné*, l'âme a été *émue*.

Cependant, certains philosophes contemporains ont admis des sensations *intérieures*, qu'on ne peut, disent-ils, ramener à aucun sens particulier, ou plutôt, dont la cause ne peut être attribuée qu'à l'état de l'organisme ou au trouble des fonctions vitales. Telles sont, d'après eux, la sensation musculaire, la faim, la soif, la fatigue nerveuse ; tels encore le frisson, le dégoût, les nausées, enfin, toutes les sensations vagues qui se confondent dans la *sensation* générale de *la vie.*

Il faudrait donc enseigner qu'il y a des sensations *externes* et des sensations *internes.*

C'est pour répondre à cette nouvelle division que nous avons nous-mêmes modifié notre définition première ; nous avons dit : la sensation est une émotion produite en notre âme à l'occasion d'une *impression organique.* Cependant, à y regarder de près, il semble que toute sensation vienne bien de quelque chose d'*extérieur à moi,* et que les sensations intérieures se rapportent toutes au sens du toucher sous sa forme *passive.*

Éléments de la sensation.

Il résulte de l'analyse précédente, que le phénomène de la sensation se résout en trois éléments :

1° Un élément physique, c'est l'action de l'objet extérieur sur l'organe spécial. Cet élément parait faire défaut dans la sensation *interne.*

2° Un élément physiologique, c'est l'impression organique, c'est-à-dire l'action du corps extérieur sur l'organe se transmettant au cerveau par le mouvement des nerfs. Cette impression organique existe dans la sensation *interne,* ce qui tendrait à prouver que l'absence d'objet extérieur n'est qu'apparente.

3° L'élément psychologique, c'est l'*émotion de l'âme,* c'est proprement la *sensation.* Les deux premiers éléments n'en sont que la préparation et la condition indispensable.

Caractères de la Sensation.

La sensation a tous les caractères de la sensibilité elle-même, et nous venons de les exposer plus haut.

De plus, elle a cela de spécial, qu'elle ne peut dépasser un certain degré voulu par les conditions normales de la nature : trop de lumière éblouit.

On ne peut dire la même chose du sentiment : provenant du fond de l'âme, en dehors de toute condition organique, le sentiment ne connaît pas de bornes fixes. De même, l'acte purement intellectuel ; jamais l'intelligence ne souffre de la clarté de son objet : plus son objet est clair, plus elle le saisit avec facilité et avec plaisir.

Des sensations indifférentes.

L'école Écossaise, Thomas Reid en tête, admet des sensations indifférentes. Y a-t-il vraiment des sensations qui ne soient ni agréables ni désagréables ? conçoit-on bien un état sensible qui ne s'appelle ni le plaisir ni la douleur ? Il semble qu'une sensation qui ne serait ni agréable ni désagréable ne serait pas une sensation. Si le sujet est affecté, il faut bien qu'il le soit sous la forme d'un certain plaisir ou d'une certaine douleur. La théorie des Écossais s'appuie sur ce fait, que les sensations à l'occasion desquelles notre intelligence est mise en rapport avec le monde extérieur, ne sont pas *senties* sous forme de douleur ou de plaisir. Aussi ont-ils appelé cette forme de sensations *indicatives* ou *perceptives*, tandis qu'ils ont nommé *affectives* les sensations dont le caractère est le plaisir ou la douleur.

Pour donner raison d'une différence que rien ne paraît justifier, les Écossais ont recours à la sagesse divine. Nous sommes par tous nos sens continuellement en relation avec le monde extérieur ; si donc la sensation qui détermine la perception de nos sens était plaisir ou douleur, notre âme serait continuellement en proie à des émotions contradictoires, et il ne lui resterait aucune énergie pour ses opérations supérieures :

c'est pour cela que Dieu a voulu qu'il y eût des *sensations indifférentes*.

Cette explication n'en est pas une. Ne serait-il point possible d'expliquer plus naturellement ce problème ? — Nous avons dit que le plaisir et la douleur sont la suite et le complément de nos actes ; mais, dans le cas présent, la sensation qui précède la perception n'en est réellement pas distincte, et il faut un effort d'abstraction pour l'en séparer. De sorte que l'acte complet, c'est l'acte de percevoir, et c'est à celui-là que devra correspondre l'émotion agréable ou désagréable que nous appelons douleur ou plaisir.

Localisation des sensations. L'organe général de la sensation est le cerveau. Comment donc se peut-il faire que la sensation paraisse se rattacher à certaines parties déterminées de l'organisme ?

Dirons-nous que cette *localisation* des sensations, c'est-à-dire cette tendance à les rapporter à un lieu déterminé, est un effet de l'habitude ? On prétend que la sensation se localise d'autant plus facilement, que la cause se trouve dans la périphérie de l'organisme et dans les membres doués d'un mouvement propre ; d'où parait résulter cette conséquence, que la localisation serait due à la possibilité du mouvement et au toucher explorateur. Par un mouvement réflexe, la main se porte à l'endroit où est la cause de la douleur, et ainsi, peu à peu, le toucher s'*habitue* à ramener la douleur à un lieu déterminé de la périphérie.

On cite comme preuve un fait raconté par Maine de Biran. Un homme frappé de paralysie partielle sentait la douleur et ne pouvait plus la localiser. — Autre preuve : la douleur interne est vague et diffuse, — pourquoi ? parce qu'elle n peut être localisée par le toucher explorateur. — Enfin, on parle des amputés, qui, à un certain moment, par un effet de l'habitude, ressentent de la douleur dans le membre qui n'existe plus.

Ces raisons nous paraissent peu concluantes; tout être sensible rapporte immédiatement la douleur à l'endroit de son corps où s'en trouve la cause. Nous ne concevons pas l'habitude dont il est ici question. Toute habitude suppose au moins un premier acte qui ne vient pas de l'habitude. Comment expliquer ce premier acte? L'attribuera-t-on à un mouvement réflexe? Mais ce mouvement réflexe lui-même indique suffisamment qu'il y a douleur là où se porte la main.

D'ailleurs, on ne voit pas bien comment l'habitude générale de rapporter la douleur à la périphérie, explique la localisation de chaque douleur particulière. Il semble que chaque localisation particulière demanderait comme raison d'être une habitude spéciale.

Quant aux faits allégués, ils n'ont pas la valeur qu'on leur prête. Est-il étonnant que l'homme frappé de paralysie fût peu apte à voir où il souffrait? Le phénomène de la douleur dans les membres amputés nous parait explicable, sans qu'on ait besoin d'avoir recours à l'habitude. Un amputé croit souffrir dans le pied qu'il n'a plus, parce qu'il souffre réellement à l'extrémité des nerfs coupés, lesquels étaient les nerfs correspondant avec le pied. — Au reste, ce problème se rattache à la manière dont on conçoit les rapports de l'âme et du corps. Si vous voulez, avec Descartes, que le siège de l'âme soit uniquement dans le cerveau, il est évident que, pour expliquer la localisation de la sensation, il faut avoir recours à une inclination invincible qui nous vient de la nature ou de l'habitude. Si, au contraire, on admet que l'âme anime tout l'organisme et lui est partout présente, la difficulté disparait : l'âme sent là où elle est affectée.

On dira : la Physiologie prouve que la sensation a lieu dans le cerveau. Nous répondons : la Physiologie ne prouve qu'une chose, c'est que l'union de toutes les parties de la périphérie avec le cerveau, par le moyen des nerfs, est absolument nécessaire pour qu'il y ait sensation. De là nous concluons légitimement, — non pas que le cerveau est le *siège* et le *lieu* de la sensation, — mais qu'il en est l'*organe général* et la *condition indispensable*.

De la sensibilité morale et intellectuelle ; sentiment.

Nous avons vu que le sentiment consiste dans une certaine émotion de l'âme, à l'occasion d'un fait de l'ordre *moral* ou *intellectuel*.

Si l'âme est capable d'éprouver des sentiments, c'est qu'elle a des *appétits* et des *inclinations* naturelles. Dépourvue d'appétits et d'inclinations naturelles, elle resterait toujours *indifférente*.

Ces appétits et ces inclinations naturelles, Bossuet, qui les nomme des *passions*, les ramène à une seule *passion*, qui est l'*amour de soi*.

En effet, cet amour inné de nous-mêmes, qui comprend la tendance au développement de notre être et de nos facultés, parait bien être la source de tous nos mouvements naturels vers tout ce qui nous paraît bon *pour nous*, de toutes nos répugnances naturelles pour tout ce que nous appréhendons comme mauvais *pour nous*.

L'être purement *sensible* tend à la conservation et au développement de son être *sensible* par des *appétits*.

L'être qui est à la fois *sensible* et *raisonnable* tend à la conservation et au développement de sa nature *sensible* et *raisonnable* par des *appétits* et des *inclinations*.

Les passions.

Les mouvements impétueux de l'âme qui naissent des *appétits* et des *inclinations*, voilà ce qu'aujourd'hui on appelle généralement les *passions*.

La passion est donc un certain mode d'apparition d'une inclination ou d'un appétit. La *passion* apparait subitement, mais elle est toujours *latente* au fond de l'âme, et, sous cette forme, on lui donne le nom de *penchant*. Un homme a la passion de la colère, cela ne veut pas dire qu'en lui la colère dure toujours ; il l'a toujours comme *penchant*, et, quand l'occasion se présente, elle apparait comme *passion*.

La passion est-elle mauvaise en soi ?

Les Stoïciens, pour qui l'homme est une *raison pure*, regardent comme indignes de lui les mouvements et les tendances qui proviennent de la sensibilité, alors même que cette sensibilité peut s'appeler intellectuelle ou morale.

Les Stoïciens mutilent la nature humaine : l'homme n'est pas un ange ; il est composé d'un corps et d'une âme, et les tendances de sa nature, inclinations et passions, ne sont pas mauvaises en soi. Même tout est bon et moral dans l'homme, pourvu que la partie inférieure de sa nature reste soumise à la direction de la partie supérieure. Les mouvements impétueux de l'âme, que nous appelons les passions, lorsque la volonté est assez énergique pour les soumettre aux lois de la raison, loin d'être funestes, sont, en quelque sorte, pour l'homme, le ressort de la vie morale.

Classification des principales inclinations de la nature humaine.

Puisque les inclinations ne sont que les tendances de notre être fondées sur son besoin de conservation et de développement, il s'ensuit que :

1° nous avons des inclinations personnelles;

2° nous avons, en tant qu'êtres destinés à la société par notre nature, des inclinations sociales ou inter-personnelles.

Inclinations impersonnelles. Même, à un certain point de vue, il semble qu'on pourrait distinguer tout d'abord des inclinations *impersonnelles* : ainsi nous avons l'amour de tout ce qui peut procurer notre bien-être. — L'homme trouve dans son cœur la tendance à posséder. Tantôt c'est l'or et l'argent qui fait l'objet de ses désirs. Tantôt ce sont des biens plus larges, tels que de vastes propriétés. L'énumération de ces choses, objet des tendances naturelles de l'homme, serait infinie.

Au-dessus de ces choses d'ordre physique, d'ordre inférieur, se trouvent des objets d'aspirations supérieures : le vrai, le beau, le bien. Les tendances de la nature humaine vers le beau, le vrai, le bien, la rendent infiniment supérieure à la nature purement animale, qui ne recherche que la satisfaction de ses appétits physiques.

Or, ces différents ordres de choses n'étant pas des *personnes*, les tendances qui les ont pour objets ne peuvent se ramener, semble-t-il, ni à nos inclinations *personnelles*, ni à nos inclinations *inter-personnelles*. On pourrait donc les appeler justement *impersonnelles*.

Cependant, il faut dire que nous n'avons d'inclination pour les choses, — qu'elles soient d'ordre supérieur ou d'ordre inférieur, — qu'autant qu'elles constituent notre moi dans un état agréable, résultant de la conscience d'une perfection acquise.

L'avare lui-même n'a pas *d'amitié* pour l'argent, et il serait ridicule de dire que nous avons pour le *beau*, le *bien*, le *vrai*, ce que l'on peut appeler une *affection*. Nous n'aimons ces choses qu'autant qu'elles perfectionnent notre nature. Donc nous ne les aimons que pour *nous*, et par conséquent les inclinations dites *impersonnelles* pourraient s'appeler aussi bien des inclinations *personnelles*.

Inclinations personnelles.

Si nos inclinations naissent de la propension naturelle à se développer, qui se trouve au fond de l'être vivant, pour voir quelles sont nos inclinations *personnelles*, il faut examiner de *combien de manières* la nature humaine peut tendre à son développement.

1° Nos fonctions physiques tendent à l'acte qui les perfectionne, de là tous les appétits.

2° Nos facultés sensibles tendent à l'acte qui les perfectionne, de là le besoin d'émotions.

3° Nos facultés intellectuelles tendent à l'acte qui les perfectionne, de là le besoin de connaître, la curiosité, l'amour de la science.

4° Notre volonté elle-même tend à se développer dans son acte propre, de là l'amour de l'indépendance, de la liberté, du pouvoir.

De ce besoin de développement personnel naissent en nous une foule d'inclinations particulières : ainsi l'amour-propre dans ce qu'il a de bon et dans ce qu'il a de funeste, l'amour de la supériorité, l'émulation, l'ambition, etc.

Inclinations inter-personnelles

L'homme est un animal social, ζῷον πολιτικόν. Le besoin de société est dans toutes les tendances de la nature humaine.

Les inclinations qui ont leur source dans ces tendances ont rapport à la *Société* en général, à la *patrie*, à la *famille*.

L'inclination est d'autant plus forte, d'autant plus vive, que le groupe est plus *restreint*. Les affections de famille sont plus vives que les affections patriotiques, et les affections patriotiques sont plus vives que cette sympathie générale qui enveloppe le genre humain.

En dehors de ces groupes, qui nous sont donnés par la nature, nous trouvons en nous des inclinations plus libres dans leur objet, qu'on appelle pour cela électives : l'*amour* et l'*amitié*.

Enfin, au-dessus des inclinations *sociales* proprement dites, nous trouvons l'inclination au *divin*, le *sentiment religieux*. Nous concevons Dieu comme un *être moral*, c'est-à-dire comme un être qui possède *à l'infini l'intelligence et la volonté*, avec tous les attributs moraux qui en découlent. Cette conception de Dieu produit en nous une inclination de sympathie pour l'*être absolu*, dans lequel nous retrouvons une *nature morale* comme la nôtre, sous la forme d'une *infinie perfection*. L'amour de Dieu, à ce point de vue, peut donc rentrer justement dans les inclinations *inter-personnelles*, puisque l'amour de Dieu est l'amour d'une *personnalité infinie*.

Classification des passions d'après les Anciens, d'après Bossuet, d'après Descartes

Platon, dans son langage poétique, parait distinguer en nous trois âmes différentes : l'âme

L'Intelligence

L'intelligence est la faculté de penser.

Le mot *penser* implique toutes les opérations intellectuelles ; on dira donc également : l'intelligence est la faculté de *connaître* et de *comprendre*.

La *connaissance* a deux sources générales : la conscience et les sens.

La conscience nous fait connaître ce qui se passe en nous, les sens nous font connaître ce qui se passe hors de nous. Par les sens nous connaissons les phénomènes du monde extérieur ; par la conscience nous connaissons les phénomènes du moi et le moi lui-même.

Les connaisances que nous devons à la conscience et aux sens sont dites expérimentales ou empiriques, et elles constituent ce qu'on appelle *l'expérience*.

Mais l'intelligence n'est pas seulement la faculté de *connaître*, elle est encore et surtout la faculté de *comprendre*.

L'animal est capable d'une certaine connaissance empirique, il n'a pas la connaissance rationnelle, il n'entend pas le fond des choses, la raison des choses, la liaison des choses, il ne *comprend* pas, il ne *pense* pas.

La faculté supérieure qui nous élève tant au-dessus de l'animal, c'est la *raison*.

On appelle ainsi *raison*, *raison pure*, *entendement*, *intellect*, le sommet de l'intelligence où nous trouvons les idées nécessaires et les principes premiers, en vertu desquels les notions empiriques elles-mêmes deviennent scientifiques.

En effet, la raison pure renferme, pour ainsi dire, deux facultés distinctes, la *raison intuitive* et la *raison discursive*.

Intuitive, la raison nous donne les principes premiers et les vérités éternelles.

Discursive, elle applique son activité à la formation de la science, soit dans son domaine propre, soit dans le domaine de l'expérience : elle abstrait, compare, généralise, juge et raisonne. Ces opérations diverses correspondent à ce qu'on appelle les facultés d'*élaboration*.

Mais les résultats de l'élaboration, non moins que les données de la conscience et des sens, se *conservent* dans la mémoire sous forme de *souvenirs*, se *combinent* dans l'imagination sous forme d'*images*, d'après les lois de *l'association*.

Donc, aux facultés précédentes nous ajoutons les facultés de *conservation* et de *combinaison*.

Tel est le tableau général des facultés *intellectuelles*.

VI

Facultés d'acquisition :

La Conscience et les Sens.

Nous avons déjà parlé longuement de la conscience, comme étant la condition, le moyen, et pour ainsi dire l'instrument de toute observation psychologique. — La conscience.

La considérant ici exclusivement comme faculté *d'acquisition,* nous nous poserons les trois questions suivantes :

1° la conscience est-elle une faculté à part ?

2° peut-on dire avec les empiristes que la conscience ou le moi est une collection ou série de phénomènes ?

3° quelles sont les connaissances ou les idées que nous devons à la conscience ?

1 — La Conscience est-elle une faculté à part.

Les philosophes de l'école Écossaise, Thomas Reid, Dugald-Stewart, Cousin, Jouffroy, prétendent que la conscience est vraiment une faculté à part. Elle serait, d'après eux, comme un témoin de nos actes, comme un spectateur qui regarderait passer tous nos phénomènes psychologiques, et les noterait au passage.

Assez généralement, aujourd'hui, on enseigne que la conscience n'est pas une faculté particulière distincte de l'acte *conscient.* Pour les phénomènes psychologiques, avons-nous dit, *exister*, c'est être *perçus.*

Expliquons-nous.

L'âme, substance simple et spirituelle, se

connaît dans son acte par le fait qu'elle est toujours présente à elle-même. Ce mode *direct* peut s'appeler conscience *habituelle* ; quelquefois on dit *spontanée*.

De plus, l'âme, substance simple et spirituelle, peut se replier sur elle-même pour *voir* son acte, et, rapportant cet acte à elle-même, s'en poser par le fait comme le sujet ou la cause. Ce mode supérieur est justement nommé conscience *réfléchie*.

Dans les deux cas, sous le mode *direct* et sous le mode *réfléchi*, la conscience nous apparait comme un acte *spontané* ou comme un acte *voulu* de notre âme, mais non comme une faculté à part.

Les Écossais enseignent que la conscience est une faculté spéciale, parce que, disent-ils, elle a un objet spécial, les opérations du *moi*. Nous leur répondons, avec l'ancienne École, que ce qui *spécifie* la faculté, ce qui la *détermine*, c'est moins l'objet que le point de vue sous lequel on le considère, c'est moins l'objet *matériel* que l'objet *formel* ; or, quel est donc l'objet de la conscience, sinon le phénomène intérieur, considéré comme intelligible ? Mais n'est-ce pas là précisément l'objet propre de l'intelligence ? Donc, rien n'exige une faculté à part ; l'âme présente à elle-même suffit pour expliquer la conscience sous son mode *direct*, et l'âme se repliant sur son acte est précisément la conscience *réfléchie*.

Lors donc que nos adversaires nous disent : la preuve que la conscience est absolument distincte de l'acte conscient, c'est que l'intensité de la conscience est souvent en raison inverse de l'intensité du phénomène, — une grande colère est accompagnée d'une basse conscience, — nous répondons : vous confondez la conscience *directe* et la conscience *réfléchie*. La conscience directe, qui est l'âme présente à elle-même, ne se distingue pas de la modification du moi ; quant à la *réflexion* de l'esprit, elle est en raison inverse de l'émotion ; toute l'énergie du moi étant, pour ainsi dire, absorbée ailleurs, la réflexion est presque nulle. Mais il est évident que l'âme, présente à elle-même, a une conscience *directe* égale à son émotion ; la preuve que mon émotion m'est connue avec son intensité, c'est que je dis : « dans quelle colère je suis, ou j'étais ! ».

Toutefois l'école d'Aristote, fidèle à sa doctrine du Composé humain, d'après laquelle nos facultés se divisent en facultés sensibles : — les sens et les appétits ; et en facultés intellectuelles : — la raison et la volonté, enseigne que la *conscience* de nos opérations sensibles et de leurs différences est due à une faculté spéciale qu'ils nomment *sens commun*, et à laquelle ils donnent pour organe dans le cerveau ce qu'ils appellent le *sensorium commune*.

En vain leur oppose-t-on la loi d'économie qui trouve son expression rationnelle dans cet aphorisme : « entia non sunt præter necessitatem multiplicanda. »

Ils répondent que la recommandation du nominaliste d'Occam, quelle qu'en soit la valeur, porte avec elle son correctif et sa restriction, — « præter necessitatem. » Il s'agit précisément de savoir s'il n'est pas nécessaire d'admettre un « sens commun », la faculté sensible engagée dans l'organe ne pouvant se replier sur elle-même, et l'intellect n'ayant pour objet direct de perception que ce qui est dépouillé de tout caractère sensible. D'ailleurs les animaux, chez lesquels on ne peut admettre une vraie intelligence, ni une conscience proprement dite, perçoivent comme nous les sensations de leurs différents sens ; ce qui prouve que la connaissance des sensations et de leurs différences ne relève pas de la *conscience,* mais du *sens commun.*

Sans vouloir contester ici la force de ces raisons, il nous semble, au point de vue purement expérimental où nous restons toujours, que toutes nos facultés se rapportent *également au même moi* : je pense, je veux, je sens. Le moi se perçoit donc nécessairement dans ses phénomènes sensibles comme dans son acte rationnel. Par conséquent nous ne voyons pas qu'il y ait lieu d'ajouter à la *conscience* un *sens commun.*

Le mot « sens commun » est cependant resté dans la langue philosophique, pour désigner la raison elle-même sous sa forme la plus commune et la plus générale. Nous verrons bientôt que le sens commun, sous l'acception toute moderne de raison élémentaire, ou manière de penser commune à tous les hommes, est, dans l'école Écossaise, le dernier mot de toute philosophie ; pour les philosophes de cette école, quand le sens commun a parlé, tout est dit.

2
Le moi est-il une collection ou série de phénomènes.

Maintenant, que penser de la théorie empiriste d'après laquelle le *moi* ne serait qu'une *collection* ou une *série* de phénomènes ?

Cette école ne voit partout que des phénomènes, c'est-à-dire des *modes* ; ne reconnaissant jamais de substance, c'est-à-dire, de *chose en soi*, elle ne peut se représenter autrement le *moi* que sous la forme instable et fuyante d'une *collection*, ou d'une *série* de phénomènes.

Pour elle, le monde extérieur n'est qu'une *possibilité* de sensations.

De même, le monde intérieur consiste dans la série non interrompue des sensations, des pensées, des volitions. C'est une nécessité de l'esprit de chercher partout l'unité et de relier en un faisceau ce qui est multiple et divers. Nous formons donc un faisceau ou une trame de l'ensemble des phénomènes, et ce que nous appelons le *moi* ou la substance, n'est que le *lien idéal* qui constitue l'unité de cette trame ou de ce faisceau.

L'école empiriste fait un tel abus de l'imagination, qu'elle a toujours une métaphore pour combler les vides de ses théories, ou plutôt pour en déguiser l'impuissance, peut-être même l'absurdité. — Ici, par un jeu inconscient d'imagination, les empiristes conçoivent l'ensemble des phénomènes, ou chaque phénomène pris séparément, à la manière d'une substance.

Or, que représente à l'esprit une série de phénomènes à laquelle on donne toutes les proprietés de la substance ou de la chose en soi? qu'est-ce qu'un phénomène qui n'est pas le phénomène de quelque chose ? dira-t-on en présence d'une orange : voici une collection de phénomènes, odeur, couleur, saveur, forme ronde ? — Non, mais on dira : voilà un fruit de telle couleur, odeur et saveur, avec la forme ronde.

Conçoit-on en effet une couleur sans objet coloré ? Pure abstraction. Mais quand il s'agit *du moi*, la chose est bien plus évidente encore : qu'est-ce qu'une pensée qui n'est pas la *pensée* d'un *être pensant* ? Pure abstraction. Il faut donc essentiellement que les empiristes donnent à la *série* desphénomènes, ou à chaque phénomène en particulier, la *substantialité* qu'ils refusent au moi.

Le non-sens impliqué dans l'idée du *moi-phénomène* apparait encore bien plus clairement, lorsqu'on analyse à part l'acte de vouloir, la détermination libre. Je veux, je me détermine, je déploie mon activité ; conçoit-on un phénomène voulant, se décidant, déployant son activité, ou une décision *en l'air*, une activité sans principe actif ?

De plus, le moi n'est pas seulement le *moi* de l'heure présente, c'est le moi d'hier, le moi de demain. Le moi se souvient du passé, il s'impute à lui-même les actes de sa vie antérieure ; le moi *prévoit*, il prend des résolutions pour l'avenir, il fait des promesses, il s'engage par des contrats ; il sait donc parfaitement qu'il est le même identiquement à tous les points de la durée. Conçoit-on une série mobile de phénomènes, ou chaque phénomène à part, se souvenant du passé, prévoyant l'avenir ?

Telle est la force du raisonnement qui précède, que Stuart-Mill lui-même a reculé devant le *moi-phénomène* ! Ce philosophe, qui ne voit dans le monde extérieur qu'une pure possibilité de sensations, devait logiquement ne voir dans la conscience qu'une pure possibilité de phénomènes *successifs*. Il a préféré se contredire. Pour lui, comme pour nous, *le moi* est quelque chose de *permanent*, qui se souvient du passé et prévoit l'avenir. Cette concession de Stuart-Mill porte en germe la destruction de tout son système empiriste et idéaliste.

Est-il besoin de mentionner ici certaines théories de l'école psycho-physique ? Le moi ne serait, parait-il, qu'un certain *équilibre cérébral*, un *hasard heureux*, quelque chose enfin d'instable et de mouvant.

La conscience bien consultée nous dit très évidemment le contraire. Le *moi personnel* est stable. La preuve, c'est le fait de mémoire, c'est l'idée de responsabilité, c'est la conviction que nous pouvons nous engager pour l'avenir.

La même école nous présente certains cas pathologiques où l'individu a *perdu son moi*. Il soutient qu'il est mort, qu'il n'est plus lui, qu'il est autre. De là on conclurait que le moi est une série de phénomènes que peut interrompre et changer nous ne savons quel accident cérébral.

A cela nous répondons qu'il s'agit ici de faits très rares, très singuliers, peut-être contestables, qu'en tous cas il est impossible de tirer de ces faits, à cause de leur rareté et de leur caractère bizarre, une théorie générale. Ici, enfin, il s'agit d'accidents cérébraux; peut-on conclure de l'état de folie à l'état de santé ?

Mais, pour que les individus dont il est ici question se disent *autres*, se disent morts, il faut qu'ils aient un certain souvenir de leur personnalité antérieure. Or, se souvenir de sa personnalité antérieure, c'est n'en avoir pas changé, et, par conséquent, les faits allégués témoignent contre la théorie elle-même.

3
Quelles sont les idées que nous devons à la conscience.

Quelles sont les idées que nous trouvons enveloppées dans la notion du moi ?

Le *moi* se perçoit immédiatement comme *identique* à lui-même : j'étais, je suis, je serai. Nous devons donc à la conscience l'idée *d'identité*.

Rien de ce qui nous entoure n'a le même caractère. Cela vient de ce que tout ce qui nous entoure, sans excepter notre propre corps, perd continuellement des molécules pour en acquérir de nouvelles, de sorte que les choses physiques se transforment, et les êtres vivants renouvellent leur organisme dans un espace de temps donné.

Donc, si le moi échappe à la loi de ce flux perpétuel, cela vient évidemment de ce qu'il *est simple*. Par conséquent, nous devons à la conscience *l'idée de simplicité*.

Ce moi identique et simple se retrouve invariablement le même, sous la multiplicité des phénomènes qui sont les siens. Donc le moi fournit à la raison le type parfait de la substance, — substance, c'est-à-dire *ce qui reste* sous les phénomènes, le *substratum* de tous les modes.

La substance est ce qui *est en soi*, par opposition *aux modes* dont la nature est *d'être dans un autre* : le moi est en soi, mais la pensée, pur phénomène, ne peut être conçue en soi que par abstraction, elle n'a de réalité que dans le moi, — c'est moi qui pense. Cette idée de substance et de mode, dont l'esprit perçoit le type dans la conscience, nous l'appliquons ensuite universellement. Cette table, dont je perçois la couleur, l'étendue, la forme, est elle-même distincte de la forme, de la couleur, de l'étendue qu'elle présente. La forme, la couleur, l'étendue, voilà des modes : la table en elle-même, c'est-à-dire le *substratum* de tous les modes, c'est la *substance*.

Mais le moi-substance n'est pas seulement le sujet des phénomènes internes, il n'est pas seulement théâtre ou spectateur, il est acteur : c'est moi qui pense, c'est moi qui veux. Je me conçois donc immédiatement comme auteur et principe de mes propres actes. Voilà le type de la causalité.

La conscience fournit donc à la raison l'occasion de tirer de sa propre virtualité l'idée de *cause*. Cette idée, nous l'appliquons ensuite universellement dans le monde extérieur. La table que je touche est cause, puisqu'elle repousse ma main.

Ce n'est pas seulement l'idée de *cause efficiente* qui s'éveille en nous à propos du phénomène conscient, mais aussi l'idée de *cause finale*. Jamais je ne passe du repos à l'action, jamais je ne me détermine, jamais je ne déploie mon activité comme cause *efficiente* sans me proposer *un but*. Même, en y regardant de près, on voit facilement, comme l'a si bien montré Aristote, que la *finalité* est la première dans l'ordre des causes. Je me mets en mouvement pour une fin, donc c'est la fin qui détermine mon acte. « Omne agens agit propter aliquid », c'est la formule du principe des fins ; on dit encore : « Nihil frustra », c'est le mot d'Aristote : « Οὐδὲν μάτην. » Ainsi nous concevons le monde entier comme un ensemble de *moyens* adaptés à des *fins* de plus en plus générales ; d'où le nom de κόσμος, qui semble désigner un ordre admirable, réalisé par un nombre infini de moyens ramenés à une fin unique.

De plus, les phénomènes du *moi* se présentent *successivement* ; il en résulte une succession non interrompue d'états de conscience, où l'on peut voir l'origine de *l'idée de temps*.

Enfin, où puisons-nous l'idée si complexe de *personnalité*, sinon dans le *moi* ?

Sans doute, tout ce qui nous entoure se présente jusqu'à un certain point comme individuel. L'individualité se trouve à l'état rudimentaire dans le minéral : il y a entre ses parties une certaine force de cohésion qui les maintient. Chez le végétal, l'individualité s'accuse d'une manière beaucoup plus sensible ; le végétal se renferme dans le type de son espèce. Rien d'étranger n'y entre ; il est lui et pas un autre. C'est un *système fermé*, c'est-à-dire un *individu*.

Mais l'individualité est bien supérieure encore dans l'animal. Comme le végétal il se renferme dans le type de son espèce ; de plus, il produit des actes conscients qui sont les *siens*, et par là il se constitue individu consciemment distinct de tout autre individu.

Toutefois, même chez l'animal supérieur, l'individualité ne s'élève jamais jusqu'à la *personnalité*. Car, non seulement la personne est renfermée dans le type de son espèce, non seulement elle produit des actes qui sont les siens, mais encore elle se perçoit comme indépendante de tout le reste, comme s'appartenant complètement à elle-même, de sorte qu'elle dispose de ses actes d'une manière intelligente et libre. La personne possède les choses et se possède elle-même ; *les choses* ne possèdent pas, elles sont *possédées*. La personne est *fin* en elle-même, suivant l'expression de Kant, elle ne peut être prise comme moyen. Elle est digne de respect, étant le *sujet du devoir*.

Observations sur les questions précédentes.

Et maintenant, dans quel sens avons-nous dit que les idées *d'identité* et de *simplicité*, et surtout les idées *de substance* et *de cause*, nous sont fournies par la conscience ?

En réalité, la conscience, faculté d'acquisition, ne fournit par elle-même que l'idée du moi et des phénomènes du moi.

Comment donc avons-nous pû dire que nous devons à la conscience l'idée de substance, l'idée

choses, qui relèvent du toucher, se rapportent aussi à la vue ; impossible de voir une *couleur* qui ne soit *étendue* et *figurée*. C'est ce qu'on nomme le *sensible commun*.

Classification des sens selon leur caractère affectif et leur caractère représentatif.

Voici une loi générale dont Hamilton nous a donné la formule, mais que Maine de Biran avait mise en lumière avant lui : « le caractère *représentatif* de chacun de nos sens est en raison inverse de leur caractère *affectif ;* » — c'est-à-dire, plus une sensation est vive, moins elle est capable de représenter quelque chose en dehors d'elle-même. — Ainsi les sensations internes étant exclusivement *affectives*, ne nous font rien connaître.

Dans le *goût* et *l'odorat* prédomine l'élément *affectif ;* aussi les connaissances que nous devons à ces deux sens se réduisent-elles à peu de chose. Cependant le goût nous sert à juger de la valeur des mets ; chez le liquoriste, il va même jusqu'à saisir des nuances très délicates. L'odorat sert au chimiste pour discerner les différents réactifs.

La *vue* et *l'ouïe* n'ont rien *d'affectif*, aussi trouvons-nous en ces deux sens, au plus haut degré, le pouvoir de *représenter* : la vue et l'ouïe sont éminemment les sens de la *perception*.

Peut-être cependant, au point de vue de la perception, devons-nous donner le premier rang au toucher ; aussi, dans l'acte de toucher, n'y a-t-il presque rien d'*affectif*. Mais combien importantes sont les connaissances que nous devons à ce sens ! Le toucher contrôle les données de la vue, quelquefois même les données de l'ouïe. C'est lui qui nous met en relation directe avec le *non-moi*, c'est par lui surtout que nous pouvons affirmer la réalité du monde extérieur.

Classification des sens sous le rapport de l'utilité pratique et de la dignité morale.

Au goût et à l'odorat nous devons seulement la connaissance de la saveur et de l'odeur, c'est-à-dire la connaissance expérimentale des qualités sensibles qui répondent à ces deux sensations. L'odorat et le goût sont les plus obtus de nos sens ; et pourtant il semble que l'odorat ne soit pas dénué d'une certaine valeur esthétique : on aime à respirer des parfums, et il peut y avoir dans cet acte, pour les natures fines, quelque chose qui n'est pas sans analogie avec les délicatesses de l'art.

Le goût et l'odorat, qui tiennent le dernier rang au point de vue de la dignité, occupent un rang très élevé sous le rapport de l'utilité pratique. Sans le goût, et peut-être sans l'odorat, qui est l'auxiliaire du goût, on conçoit peu l'alimentation et par conséquent la vie.

La vue et l'ouïe se rapprochent en quelque sorte de l'intelligence, dont elles sont de précieux auxiliaires.

Selon Helmholtz, dans les couleurs la vue discerne l'*intensité*, ou la quantité de lumière, la *saturation*, ou pureté de la couleur, la *tonalité*, ou la différence de ton entre les sept couleurs du spectre.

Enfin la vue possède une haute valeur esthétique : elle perçoit le beau dans les choses, et c'est à elle qu'on doit la peinture.

Sous le rapport de l'utilité, on sait combien il est pénible à l'homme d'être privé du sens de la vue, au moins s'il l'a perdu ! Cependant on vit aveugle, et dans cet état un très haut développement intellectuel est possible. Donc, bien supérieure en *dignité* au goût et à l'odorat, la vue paraît le céder à ces deux sens sous le rapport de l'*utilité*.

L'ouïe perçoit les sons, donc elle perçoit le nombre, la mesure, l'harmonie ; aussi le sens de l'ouïe semble-t-il être de tous les sens le plus *intellectuel*, ou, pour mieux dire, le plus *intelligent*.

Dans les sons, l'ouïe distingue l'*intensité*, le *timbre*, la *hauteur*, — L'intensité dépend de l'amplitude des vibrations. Le timbre résulte de l'addition aux vibrations qui produisent la note prédominante, de vibrations, une, deux, trois fois plus rapides. La hauteur du son, ou la différence de tonalité, a pour cause le nombre des vibrations.

De plus, l'ouïe saisit parfaitement une échelle de tonalités graduées qui constituent les sept notes de la gamme, et, cette gamme, elle peut la superposer à elle-même, d'après Helmholtz, jusqu'à onze fois.

Enfin à l'ouïe s'adresse la parole, de tous les signes le plus intellectuel et le plus intelligent.

Le sens de l'ouïe, dont la haute utilité est incontestable, n'est pourtant point d'une nécessité absolue, ni pour la vie physique, ni pour le développement de la vie intellectuelle et morale ; mais au point de vue de la *dignité*, l'ouïe est peut-être le premier des sens.

Le toucher, répandu dans tout le corps, avec un organe spécial d'activité, la main, vient immédiatement après la vue et l'ouïe. Aristote appelle la main « l'organe des organes. » On a même voulu voir dans la main la cause de la supériorité de l'homme. Mais, donnez une main à l'animal dépourvu de raison, il restera dans son état inférieur ; l'homme n'est pas intelligent parce qu'il a une main, il a une main parce qu'il est intelligent.

Le rôle du toucher, comme nous l'avons déjà remarqué, est de nous mettre en rapport direct avec le monde extérieur, de contrôler les renseignements de l'ouïe et de la vue ; son objet est la résistance, c'est-à-dire l'étendue à trois dimensions.

Sous le rapport de l'utilité, il est incontestable que le toucher tient le premier rang. Ne peut-on même le considérer comme le *sens fondamental*, condition de tous les autres, et qu'on retrouve dans tous les autres ? Sous sa forme passive, le sens du toucher est en effet répandu par tout le corps et spécialement localisé dans nos appareils sensoriels.

Comment nous percevons notre propre corps.

Selon Maine de Biran, la perception de notre propre corps est impliquée dans une certaine *dualité* de conscience : au premier moment, nous avons conscience d'un *effort*, et par conséquent d'un *moi* actif éprouvant la résistance du *non-moi*. D'après lui donc, en même temps que le premier acte de conscience nous donne le *moi*, il pose également le non-moi, — qui est le corps.

Il est très douteux, pour ne pas dire certainement faux, que la conscience nous donne, au premier moment, la distinction de l'âme et du corps, ce qui ne peut être que le résultat d'un état avancé de conscience réfléchie. N'est-ce point le contraire qui est vrai ? Au premier acte de conscience, l'âme et le corps ne font *qu'un* : c'est moi qui veux, c'est moi qui marche. Il faut même déployer une certaine force d'abstraction pour séparer le *moi* proprement dit de ce complément, de cet auxiliaire de ma personnalité, que j'appelle le corps.

Le toucher passif étant une sorte de *sens vital* répandu dans tout le corps, c'est par lui que nous avons conscience vaguement d'un organisme qui est le *nôtre*, puisque nous le sentons toujours et que nous pouvons, par exemple, en posant la main gauche sur la main droite, éprouver une double sensation : nous sommes, dans le même acte, à la fois *touchant* et *touchés*.

De plus, cet organisme qui se déclare plus ou moins *non-moi*, en exigeant de la volonté un effort quand elle veut le mouvoir, obéit pourtant à ses ordres ; et, par conséquent, il se montre, bien que *non-moi*, aussi peu étranger que possible à notre personnalité : si mon corps n'est pas *moi*, du moins, il est à *moi*.

Donc, je perçois mon corps *directement*, comme étant à moi, et faisant partie de moi.

Comment nous percevons le monde extérieur.

Mais lui-même, dans son action, rencontre bientôt un obstacle. Mon bras s'avance et il se heurte à je ne sais quelle résistance que ma volonté *seule* ne peut déplacer ou vaincre. Nous sommes en présence du *non-moi* véritable, c'est-à-dire du monde extérieur. La résistance que j'éprouve est bien réelle, l'objet qui présente à ma main une rigidité impassible n'est pas un fantôme ; les corps sont des réalités et le monde physique n'est pas un rêve.

C'est donc à l'aide de mon propre corps, *immédiatement perçu*, que j'entre en relation avec les autres réalités matérielles, qui constituent le monde physique. D'où l'on peut dire très justement que nous percevons *immédiatement* notre propre corps, et par lui, c'est-à-dire *médiatement*, tout le reste.

Mais notre toucher ne peut se trouver en relation directe qu'avec un nombre très limité d'objets résistants.

La vue intervient ; elle se porte en avant, à droite et à gauche.

La mémoire conserve les données de la vue, à mesure que change et s'étend le champ de la vision ; de plus, elle me dit qu'hier et dans le passé j'ai vu d'autres horizons, que par le toucher j'ai été en contact avec d'autres objets résistants, étendus, figurés.

L'imagination recule encore l'horizon, l'espace et les corps.

Par induction, je m'assure qu'au delà de mon expérience actuelle il y a d'autres objets d'expérience ; que le contrôle du toucher serait, autour de moi et au loin, même dans les espaces que je conçois et que j'imagine, ce qu'il est ici, où je puis l'exercer. — Ainsi s'achève pour moi la perception du monde extérieur.

De l'intervention de la raison dans la perception du monde.

Cependant on peut se demander si une *vraie* perception du monde extérieur est possible sans l'intervention des idées et des principes de la raison.

En effet, les sens par eux-mêmes ne peuvent nous fournir que la *donnée sensible*, c'est-à-dire un ensemble de phénomènes. Mais pour l'homme les *phénomènes* ne vont point sans la *substance*, et sans la *liaison nécessaire* enveloppée dans le principe des *causes*.

Donc la raison pure, avec ses idées nécessaires et ses principes premiers, est unie et mêlée, pour ainsi dire, à la perception sensible : sous le phénomène *perçu* par les sens, la raison *conçoit* simultanément la substance, la chose en soi, ce qui demeure ; et dans la succession des phénomènes *perçus* par les sens, la raison *conçoit* simultanément la nécessité d'une *liaison* et d'un rapport *d'effet à cause*, de *moyen à fin*.

Ainsi l'ensemble des choses physiques, selon une remarque déjà faite plus haut, se présente à moi comme un *tout*, comme une trame où chaque détail tient à ce qui précède et s'enchaine à ce qui suit, comme une vaste appropriation de moyens à des fins de plus en plus générales ; et cette chose harmonieuse et belle est appelée d'un nom qui est le nom même de l'ordre et de la beauté, le monde, κόσμος.

La perception sensible est donc, chez l'homme, accompagnée d'une perception rationnelle ; en d'autres termes, la perception du monde extérieur n'est pas seulement pour lui une *perception*, c'est encore une *conception*.

Éducation des sens ; les perceptions acquises.

Aux données primitives de chacun des sens, la réflexion et l'habitude ont ajouté des éléments étrangers, que le pouvoir d'association inhérent à toutes nos facultés nous présente aujourd'hui comme une perception *naturelle*, tandis que, réellement, c'est une perception *acquise*.

Voilà une doctrine généralement reçue de nos jours. Jusqu'à quel point devons-nous l'admettre ?

D'abord, l'*attention* développe dans chacun de nos sens une finesse que la nature toute seule ne donne point. Qui ne connait l'extrême acuité de la vue chez le peintre en miniature, l'incroyable finesse de l'ouïe chez le musicien, la prodigieuse *sensibilité* du toucher chez l'aveugle, enfin chez le dégustateur l'exquise délicatesse du goût et de l'odorat ?

Peu à peu des notions tout à fait étrangères aux sens se trouvent soudées invinciblement à la donnée sensible : l'aveugle semble *palper* l'air, et il *touche* la muraille à distance ; le gourmet, au goût et à l'odeur du vin, dira le cru et toutes les variétés du cru. Enfin le musicien distinguera aisément, dans un concert, la partition des divers instruments, avec le plus imperceptible défaut de mesure et d'accord.

Dans tous les cas énumérés, nous voyons : perfection acquise par l'exercice, ou association d'un résultat expérimental avec la donnée propre du sens ; mais nous ne trouvons nulle part qu'un sens nous apporte une donnée *sensible* qui lui soit étrangère.

Cependant, suivant l'opinion commune en cette matière, la vue, grâce à l'habitude et au pouvoir d'association, nous offre l'*illusion* d'une donnée sensible qui appartient exclusivement au sens du toucher : nous sommes invinciblement persuadés que nous voyons les corps dans l'espace, c'est-à-dire la *profondeur* comme la hauteur et la largeur, enfin la *distance*.

Or, d'après cette théorie, il est certain que la vue ne perçoit primitivement que la couleur sous deux dimensions, c'est-à-dire, une surface *colorée* haute et large, *sans profondeur*.

Voici la preuve.

Quel est le *sensible* propre de la vue ? la couleur. Or, la couleur ne pouvant se présenter autrement que sous une quantité *dimensive*, la hauteur et la largeur sont bien l'objet, au moins indirect, de la vue ; mais la profondeur, n'étant pas une condition indispensable de la perception de couleur, on ne conçoit pas qu'elle puisse paraître à la vue autre chose qu'une surface plane.

Cette explication est si naturelle que tous les peintres l'admettent d'instinct, pour ainsi dire. Ils produisent le phénomène d'une troisième dimension, d'un relief, d'une profondeur, d'une distance, par un jeu très simple de leur art et l'effet produit est si parfait, que, même avertis, nous sommes pris à leur artifice, comme les oiseaux qui becquetaient les raisins de Zeuxis.

D'ailleurs, ne voyons-nous pas les petits enfants chercher à prendre avec la main les choses qui sont hors de leur portée ? ou bien, voulant toucher un objet qui est près d'eux, ne leur arrive-t-il pas de mal proportionner le mouvement de leur bras à la distance, de sorte que, cherchant l'objet plus loin qu'il n'est, ils s'y heurtent violemment ?

Enfin, comme exemple privilégié, on nous cite des aveugles chez lesquels, après opération de la cataracte, on remarque absence complète de perception dans le sens de la profondeur et de la distance. Un médecin Anglais, Cheselden, cite un aveugle qui, aussitôt après l'opération, croyait que tous les objets, même les plus éloignés, lui *touchaient* l'œil.

Donc, réellement, la perception de la troisième dimension n'est pas une perception primitive.

Voici comment elle s'*acquiert*.

Nous voyons que l'enfant tourne et retourne en ses mains les jouets qu'on lui donne. Que fait-il, sans le savoir ? il apprend qu'une dimension en profondeur correspond dans les objets à certaines couleurs et dégradations de couleurs. Peu à peu, le jeu de lumière ou la nuance colorée, qui est une perception de la vue, se soude invinciblement à la sensation de *solide* ou de dimension en profondeur, qui appartient au toucher, de sorte que maintenant ces deux sensations ne vont pas l'une sans l'autre : quand il verra les nuances de couleur qui correspondent à la troisième dimension, il *croira voir* la troisième dimension, la profondeur et la distance.

La perception de distance s'acquiert, du reste, par le pouvoir naturel que nous avons de dilater ou de contracter la pupille suivant que les rayons lumineux viennent de loin ou de près. La sensation musculaire qui accompagne cette opération instinctive, nous renseigne assez bien, non seulement sur l'extériorité des objets, mais encore sur leurs positions relatives dans l'espace.

Critique de la théorie.

Bien que le sens commun ne puisse être invoqué quand il s'agit de problèmes qui ne relèvent pas de lui, la théorie que nous venons d'exposer parait tellement contraire à l'évidence de nos sens et à la croyance de tout le monde, que nous ne pouvons laisser passer les raisons alléguées sans les soumettre à un examen sévère.

Est-il prouvé que la troisième dimension ne soit pas, comme les deux autres, la condition naturelle de la perception de couleur? Nous percevons la couleur avec les différentes modifications qu'elle revêt ; or la troisième dimension n'est-elle pas une modification de l'étendue colorée ?

D'ailleurs, il nous semble que la perception externe, qui a pour condition indispensable l'impression organique, doit se modeler, en quelque sorte, sur cette impression même. Or, qu'un physicien nous montre l'action d'un solide sur la rétine : la figure dessinée par les rayons lumineux partant de l'objet présentera les trois dimensions. Si donc un solide agit sur la rétine en tant que solide, il semble bien que la perception qui s'ensuit doive être la perception d'un solide.

On nous parle des artifices de la peinture.

Mais, de ce que le peintre nous donne l'illusion de la profondeur, devons-nous conclure que la profondeur soit elle-même pour ma vue une illusion ? n'est-ce pas, au contraire, parce que j'ai la perception naturelle de la profondeur, qu'un jeu de lumière m'en donne l'illusion ?

Quant aux mouvements désordonnés et mal ajustés des petits enfants, le manque de réflexion, l'inexpérience et la maladresse naturelle à cet âge les expliquent suffisamment, croyons-nous. Mais si les petits enfants n'ont aucunement le sens de la distance, nous nous demandons comment ils ont le sens de l'extériorité ; cependant ils voient *à l'extérieur*, hors d'*eux-mêmes*, personne n'en doute. Que voulons-nous de plus ? Il est facile d'avouer que l'appréciation de la distance *réelle* demande une certaine éducation de la vue.

L'accommodation de l'organe visuel, qu'on nous présente comme moyen d'éducation pour la perception de la distance, ne suppose-t-elle point elle-même la vue primitive de la distance et de la profondeur ?

Mais voici le fait regardé comme vraiment décisif en faveur de la théorie : l'aveugle qui vient de subir l'opération de la cataracte croit que les objets lui touchent les yeux.

A ce premier moment, dans l'état d'imperfection de l'organe, le malade peut-il demander à sa vue des renseignements sérieux ?

D'ailleurs, chez l'aveugle, il y a prédominance du sens du toucher. On sait que l'aveugle imagine l'acte de *voir* sous la forme d'un toucher très délié. Au moment donc où l'*opéré* se trouve pour la première fois sous l'action de la lumière, il interprête sa sensation d'après ses habitudes, il *touche* de l'œil.

Enfin la psychologie comparée nous montre les petits des animaux supérieurs arrivant au monde avec une claire vue de la distance : dès son entrée dans la vie, le jeune poulain s'essaye à marcher, bientôt il court, il gambade, il ne se heurte nulle part, Or, son organe visuel est-il si différent du nôtre ?

Il suit de cette étude critique au sujet de la *perception acquise de la troisième dimension,* que cette théorie, bien qu'assez généralement admise, paraît manquer de fondements solides.

Différentes théories de la perception.

Démocrite et son école.

Démocrite, Epicure et Lucrèce, nous disent que des particules ténues s'échappent des objets et viennent se fixer dans les organes de nos sens, et comme ces particules sont la représentation de l'objet même dont elles viennent, il s'ensuit que nos sens perçoivent l'objet dans son image.

Cette théorie grossière a pris une forme plus délicate chez les modernes empiristes.

Locke et son école.

Locke enseigne que les corps impriment dans nos sens des images représentatives d'eux-mêmes. C'est la théorie des « idées-images », laquelle, on le voit, ne diffère pas essentiellement de la théorie d'Epicure.

Comment des particules, infimes réductions des objets, ou les images représentatives des choses, peuvent-elles faire connaitre la réalité en elle-même ? Qui me dira s'il y a ressemblence parfaite entre la copie et l'original ?

De plus, nous demandons à Locke de quelle nature sont les images imprimées dans les sens : matérielles, l'âme ne peut les saisir ; spirituelles, comment peuvent-elles représenter les corps ?

Interrogeons la conscience. Elle nous dit que

nous percevons quelque chose qui n'est pas *nous;* par conséquent ma perception n'aboutit pas à une image imprimée dans mon cerveau, mais bien à un *objet extérieur à moi.*

Berkeley, l'idéalisme pur.

Berkeley, tirant les conséquences de la doctrine de Locke, ne voit pas de nécessité à ce qu'il y ait un monde extérieur; au contraire, il est plus digne de Dieu qu'il n'y en ait pas, puisqu'en produisant lui-même des images dans nos sens, Dieu nous donne à moins de frais l'illusion du monde. C'est l'idéalisme pur.

Hume et son école.

David Hume, comme Berkeley, conclut, de la théorie des *idées-images,* que toute perception est *interne.* C'est donc aussi l'idéalisme. Mais Hume reconnaît qu'à l'état de conscience, c'est-à-dire à l'*affection* interne, correspond à l'extérieur une *cause inconnue* : l'objet extérieur est perçu comme *phénomène* du moi. L'idéalisme de Hume est donc, suivant l'expression reçue, *phénoméniste.*

Stuart Mill

Le *phénoménisme* domine actuellement dans l'école Anglaise : pour Stuart Mill, avons-nous dit, le monde « est une possibilité de sensations ».

Taine.

M. Taine, qui défend cette théorie avec l'audace de ses métaphores, va plus loin : il appelle la perception externe « une hallucination vraie. »

Dans l'hallucination, les centres nerveux sont excités sans cause extérieure : l'halluciné voit en dedans et croit voir en dehors.

D'après l'idéalisme Anglais, toute perception est *interne*; donc toute perception ressemble à l'hallucination. Seulement, dans la perception, un ensemble de phénomènes correspond d'une manière persistante à l'excitation nerveuse ; donc on peut dire « hallucination vraie. »

Je *vois* cette table. Il y a en moi, en arrière de

l'œil, une sensation *représentative* de cet objet, laquelle je projette à l'extérieur par une illusion due à l'habitude ; et comme toutes mes autres sensations, relativement à cette table s'accordent avec celle-là, — ainsi le toucher éprouve une sensation de résistance qui s'accorde avec la sensation d'étendue *colorée*, — je puis affirmer qu'il y a ici une table réelle, ou, du moins, un ensemble de forces ou de phénomènes auxquels correspond en moi un état de conscience déterminé, — la perception de cette table.

N'est-ce point dans un sens analogue que, d'après un mot célèbre de Leibniz, la perception du monde extérieur ne serait peut-être « qu'un rêve bien lié ? »

Leibniz avait en vue son *principe* de *continuité*, d'après lequel tous les phénomènes intérieurs, comme les phénomènes du monde physique, s'enchainent et se tiennent sans interstice possible, sans *hiatus*, — « natura non facit saltus. »

On conçoit absolument un rêve *bien lié* à l'intérieur, c'est-dire un rêve qui se déroule d'une manière rationnelle et d'après les lois ordinaires de l'association ; et encore faut-il admettre tout d'abord que les matériaux de ce rêve aient été pris dans la réalité extérieure, autrement d'où nous viendrait l'idée même d'*extériorité* ?

Mais ce que l'on ne conçoit plus du tout, c'est un *rêve* dont tout le *détail* correspondrait exactement à un ensemble persistant de phénomènes extérieurs.

Donc, *rêve bien lié*, *hallucination vraie*, impliquent contradiction : un rêve *bien lié* est impossible, ou il n'est plus un rêve ; une hallucination *vraie* est une non-hallucination, une perception véritable.

La théorie phénoméniste, on le voit, a beaucoup de ressemblance, sinon dans son point de départ, au moins dans ses résultats, avec la théorie de Kant.

Kant ; théorie transcendantale de la sensibilité.

Ce philosophe s'est donné la mission de rechercher l'élément *pur* ou *à priori*, dans tout le champ de la connaissance humaine. Quel peut-être l'*à priori* dans la perception sensible ?

Tout phénomène externe se montre nécessairement sous la condition de l'*espace* ; tout phénomène interne se montre nécessairement *avant* et *après* un autre phénomène, et par conséquent sous la condition du *temps*. Donc l'*espace* et le *temps* sont l'*à priori* de la perception externe, ou les formes mêmes de la sensibilité, formes nécessaires parce qu'elles sont subjectives, subjectives parce qu'elles sont nécessaires.

Mes *intuitions*, c'est-à-dire le monde extérieur dans ses rapports avec ma sensibilité, se coordonnent dans l'*espace* selon la forme du *temps* ; puis, subissant la *liaison* nécessaire que leur imposent les *catégories* de l'entendement, deviennent *pensables* ou intelligibles, et se posent comme *objet* pour moi.

Je connais donc le monde extérieur, non pas tel qu'il est en soi, mais tel qu'il m'est *donné* d'après les formes de la sensibilité et les lois nécessaires ou catégories subjectives de l'entendement.

Ainsi, d'après Kant nous ne connaissons que le phénomène ; la chose en soi, le *noumène*, c'est l'inconnu. D'après Herbert Spencer, nous ne sommes en relation qu'avec nos propres états de conscience, auxquels correspond, à l'extérieur, l'*inconnaissable*.

Donc, au point de vue des résultats, le transcendantalisme allemand et le phénoménisme anglais sont identiques.

Hamilton et le Relativisme. Avant Stuart Mill et Spencer, Hamilton enseignait que l'*absolu* est hors des prises de l'intelligence humaine, que nous ne pouvons saisir que le *relatif*, et que la perception consiste dans le sentiment d'une *différence*, ou plutôt que les *différences* qui se succédent dans la conscience ne sont autre chose que la conscience elle-même. j'ai conscience d'une couleur par contraste avec une autre couleur ; une couleur toujours la même ne serait plus consciente, bien plus, une conscience *immobile* ne serait plus une conscience.

Nous soutenons que la perception d'une couleur à part, sans contraste, est possible ; cela est évident. Sans doute, l'habitude diminuerait la tonalité de la conscience, c'est-à-dire de la *perception consciente*, mais elle ne la ferait jamais évanouir entièrement. Le contraste et la différence excitent la conscience, la tiennent en éveil, mais enfin l'acte lui-même, l'acte de conscience ou la *perception*, n'est point le sentiment de cette différence et de ce contraste.

Nous avons suivi, de Démocrite à Stuart Mill, l'évolution des théories empiristes. Toutes, on le voit, aboutissent à l'idéalisme pur ou à l'idéalisme mitigé, et, par conséquent, au scepticisme.

Aristote et son école. Le mouvement naturel des idées nous amène à la théorie d'Aristote, développée par les Scolastiques, et en particulier par St Thomas.

D'après Aristote et son école, toute connaissance suppose l'union intime de l'objet et du sujet ; la sensation, ou perception sensible, est donc l'*acte* commun de l'objet *sensible* et de la faculté *sentante*. Pour qu'il y ait perception, il faut que l'objet, qui ne peut venir à moi dans sa propre nature, vienne à moi dans sa forme représentative, c'est-à-dire, qu'il *imprime* dans mon sens, — et le sens est l'organe *informé*, *animé* par l'âme, — une certaine *représentation* de lui-même. C'est ce que les Scolastiques appellent « espèce impresse ».

Il semble bien que, jusque-là, rien ne distingue la théorie Scolastique de la théorie des *idées-images* de Locke. C'est ce qni a causé la méprise de Th. Reid et de bon nombre de nos contemporains, qui s'obstinent encore à confondre deux théories absolument différentes.

En effet, l'*espèce impresse*, qui est tout dans la théorie de Locke, n'est, chez les Scolastiques, que la condition première de la perception.

L'organe, *informé*, c'est-à-dire, *pénétré* et *vivifié* par l'âme, *réagit* sous l'action de l'objet extérieur, il passe de la *puissance* à l'*acte* : par cette *réaction*, l'organe vivant *exprime* en lui-même la chose qui a causé l'impression, et c'est *par* cette *expression* de l'objet, *espèce expresse*, que le sens perçoit la *chose en elle-même*.

Ainsi, chez Locke, l'âme est *passive*, tandis que chez Aristote, passive au premier moment, elle est *active* au second. Chez Locke, la chose *perçue* est l'image elle-même, c'est-à-dire *l'état intérieur* est tout, tandis que, chez Aristote, la chose *perçue* est vraiment l'objet extérieur; « l'espèce expresse » n'est que le *moyen* par lequel le sens prend connaissance de *l'objet, tel qu'il est*.

Cette théorie fut généralement adoptée et défendue jusqu'à Descartes.

Descartes ; nouvelle théorie de la perception.

Ce philosophe, ne pouvant expliquer l'action mutuelle de l'âme et du corps, qui, dans son système, sont, quoi qu'il fasse et qu'il dise, étrangers l'un à l'autre, comme la *pensée* est étrangère à *l'étendue*, invente les *esprits animaux* pour mettre le corps en mouvement et l'âme en éveil. L'âme, excitée on ne sait comment, juge ou conçoit qu'il y a un objet extérieur correspondant à son émotion, et la *véracité divine* l'assure qu'elle ne se trompe pas.

Ce qu'elle conçoit réellement dans l'objet extérieur, c'est l'*étendue* ; le reste est pure affection de nos sens. Donc, l'étendue, et ce qui suit l'étendue, la figure et le mouvement, voilà ce que nous concevons premièrement dans les corps ; quant aux autres qualités, couleur, odeur, saveur, elles ne paraissent avoir hors de nous aucune réalité. De là cette distinction fameuse des qualités *premières* et des qualités *secondes* de la matière.

L'école Écossaise.

L'école Écossaise développe la théorie cartésienne. Mais Descartes, procédant toujours *à priori*, énumère les qualités *premières* d'après ses *idées claires* ; l'école Écossaise, fidèle à la méthode d'observation, ajoute la *résistance*, que l'observation donne tout d'abord ; elle laisse tomber l'hypothèse des *esprits animaux*, et accorde au sens commun le rôle que Descartes prêtait à la véracité divine.

Ainsi donc le son, la couleur, l'odeur, la saveur, tous ces phénomènes doivent être considérés comme des *signes* que l'intelligence est chargée d'interpréter, mais qui n'ont rien de réel dans les choses où nous croyons les apercevoir. Au contraire, l'étendue, la résistance, la figure, le mouvement, objets immédiats du toucher, existent en eux-mêmes indépendamment du sens qui les perçoit.

Critique générale de ces différentes théories.

Nous avons suffisamment réfuté la théorie des Idées-Images de Locke.

Quant à l'Idéalisme pur de Berkeley, quant au phénoménisme de Hume, auquel nous ajoutons la théorie de Kant, sans prétendre les discuter à fond, nous leur opposons simplement ce que nous avons dit plus haut de la perception de notre propre corps et du monde extérieur.

Restent en présence l'école de Descartes et l'école d'Aristote.

Dans l'une et l'autre théorie, nous voyons que le sens, premièrement, reçoit l'action du dehors, c'est-à-dire que le phénomène est tout dans le sujet et se termine au sujet, et qu'en second lieu, par une sorte de *réaction*, l'âme rapporte à l'objet extérieur l'impression qu'elle reçoit.

Seulement, chez les Scolastiques, cet *acte* vient de l'âme *informant l'organe*, de l'âme, pour ainsi dire, *liée* à l'organe, et constituant *avec lui* ce que nous appelons le *sens*, tandis que, chez les Écossais, l'âme *toute seule*, émue à l'*occasion* de l'action extérieure de l'objet sur l'organe, prend *toute seule* connaissance de l'objet d'après la sensation qu'elle reçoit.

Et maintenant, laquelle de ces deux théories donne le moins de prise à l'Idéalisme ?

Il est certain que « les qualités secondes de la matière » paraissent à première vue favoriser le phénoménisme de Hume.

Quoi donc ! d'après les Écossais, les choses ne seraient ni odorantes, ni savoureuses, ni même colorées et sonores ; il y aurait seulement dans les choses la cause ignorée d'une sensation de couleur, de son, d'odeur et de saveur ! Mais le sens du toucher lui-même, à qui l'on prête le privilège d'une objectivité absolue, ne rentre-t-il pas dans la classe commune, c'est-à-dire, comme les autres sens, ne perçoit-il pas son objet par une sensation, à *travers* une sensation ?

Evidemment les expressions que les philosophes de cette école sont obligés d'employer, d'après la théorie Cartésienne de la substance pensante et de la substance étendue, qui restent malgré tout séparées, ne sont pas toujours heureuses. On se demande en quoi consiste cette interprétation de l'esprit à propos de la modification de l'âme ; de quel droit cette interprétation aboutit à l'odeur de rose, plutôt qu'à l'odeur d'œillet, et même à l'odeur plutôt qu'à la saveur. D'ailleurs, cette interprétation ne peut exister chez l'animal, et cependant l'animal perçoit comme nous l'odeur, la saveur, la couleur et le son.

Mais ne pourrions-nous pas, sans dénaturer la théorie Écossaise, la plier légèrement à la théorie Scolastique ?

Les disciples d'Aristote reconnaissent, eux aussi, que la *qualité sensible* n'est pas dans l'objet comme dans le sens ; et l'on voit immédiatement que leur théorie de la perception laisse le champ libre aux investigations de la science au sujet des propriétés de la matière. Eux aussi nous disent que l'objet n'est sensible que dans son union avec le sens, que, par conséquent, dans l'objet, il n'y a ni couleur, ni odeur, ni saveur, ni son, au sens précis et absolu du mot, mais seulement la qualité *correspondante,* qui se traduit, pour la faculté sensible, en couleur, odeur, son et saveur. N'est-ce pas l'axiome même qui domine toute leur théorie de la connaissance : « Cognitum non est in cognoscente nisi *per modum cognoscentis* ? »

Pour ce qui regarde le toucher, il nous semble que l'analyse des Écossais est exacte. Car, réellement, le corps est étendu et figuré, indépendamment de tout rapport avec le sens du toucher, puisque ces qualités ne prennent pas leur *dénomination* du sens même. Peut-être en est-il autrement de la résistance ; et encore peut-on soutenir, croyons-nous, que l'idée de résistance n'implique pas nécessairement rapport avec le toucher ; un corps n'est-il pas résistant même pour un autre corps ? La résistance n'est donc pas uniquement relative à nous, et c'est à bon droit qu'on la range parmi les qualités premières.

Des erreurs attribuées aux sens.

Les sens peuvent-ils nous tromper, c'est-à-dire nous donner un faux témoignage, nous faire un rapport mensonger, de manière qu'invinciblement nous percevions ce qui n'est pas ou autre chose que ce qui est ?

Il semble de prime abord que réellement il y ait ce qu'on appelle des erreurs des sens.

Mes yeux ne me trompent-ils pas s'ils me donnent la couleur bleue là où tous les autres hommes voient jaune ou rouge ? De même s'ils me font voir tout en jaune, comme dans l'affection de la jaunisse ? De même encore, ne suis-je pas la dupe de ma vue lorsqu'elle me montre ronde une tour réellement carrée, lorsqu'elle affirme que le soleil est sur l'horizon quand il est déjà sous l'horizon, lorsqu'un bâton à moitié plongé dans l'eau lui paraît brisé, lorsqu'en chemin de fer elle fait courir les poteaux télégraphiques en sens inverse du train, enfin lorsqu'au désert elle m'enchante de la perspective de frais ombrages qui reculent toujours ?

De même pour le sens de l'ouïe. J'entends un

son à droite, il vient cependant du côté opposé. De même encore pour le sens du goût : une liqueur réellement douce me paraît amère, parce que j'ai la langue chargée de bile.

Les erreurs dues à nos sens peuvent donc se classer ainsi :

1° Erreurs qui viennent d'un vice de l'organe. Tantôt l'organe est constitué naturellement d'une façon anormale, comme dans le Daltonisme ; tantôt le vice de l'organe n'est qu'accidentel, comme lorsque mà langue est bilieuse et ma vue obstruée de jaunisse.

2° Entre l'organe et l'objet se trouve un *milieu* qui modifie la perception. Ainsi les lois de la réfraction veulent qu'un arbre en partie plongé dans la rivière paraisse brisé à la surface du liquide, et qu'à travers une atmosphère vaporeuse je voie le soleil sur l'horizon quand il est déjà couché.

3° Enfin, nous demandons à un sens ce qui ne relève pas de lui. Est-ce à mes yeux qu'il appartient de me renseigner sur le mouvement absolu des choses, sur leur distance réelle, ou sur la forme des objets qui s'éloignent trop du champ de la vision ?

Dans ces trois catégories d'erreurs, est-ce le sens qui me trompe ?

Le sens nous donne toujours très exactement la manière dont il est affecté ; par conséquent, réduit au rôle qui est le sien, le sens ne trompe jamais.

C'est donc *moi qui me trompe* à propos de la donnée sensible : j'interprète mal ce qui est soumis à mon interprétation.

1° Je dois savoir si mon organe est dans son état normal.

2° Je dois connaître, au moins pratiquement, les phénomènes de la réfraction.

3° Je ne dois demander à mon sens que ce qu'il peut me *donner* d'après sa nature. Ce que j'ajoute à sa donnée naturelle vient de mes fausses associations, de ma légèreté, de *moi* enfin, c'est-à-dire de mon esprit qui *interprète* et qui *juge*.

Donc, en réalité, les sens ne *peuvent* nous tromper, puisqu'ils ne *peuvent* nous donner que *ce qu'ils reçoivent* ; et les erreurs vulgairement attribuées aux sens doivent revenir au compte de l'esprit. Il n'y a pas de *fausses perceptions ;* il n'y a que de *faux jugements.*

Mais on va plus loin et l'on dit : quoi que nous fassions, les sens nous condamnent à une illusion perpétuelle. La science nous dit, par exemple, que les couleurs ne sont que des phénomènes de lumière, et que la lumière elle-même se réduit en mouvements ou vibrations d'éther.

Nous répondons que les sens ne nous donnent que leur propre modification, que cette modification est nécessairement produite par quelque chose d'extérieur aux sens, qu'il y a donc réellement dans les choses ce qui correspond à la sensation de couleur, d'odeur, de saveur et de son.

Enfin on nous pose l'objection même de l'idéalisme : ce que nous appelons les données sensibles, ce n'est qu'un panorama intérieur, une hallucination, un rêve.

Nous avons déjà montré comment la perception de notre propre corps n'est point un rêve, ni une hallucination, et comment notre propre corps lui-même, si intimement lié au moi, n'est point le jouet d'une illusion lorsqu'il éprouve la résistance des objets qui ne sont pas lui.

D'ailleurs, où donc aurions-nous pris les matériaux de ce rêve étrange? Pour que nous ayons en nous des images ou représentations, il faut bien que d'abord nous en ayons perçu la réalité et le type premier dans le monde extérieur.

Rêve, hallucination, voilà des états secondaires et dérivés qui supposent nécessairement un état premier, lequel consiste dans les relations du moi avec les réalités du dehors.

VII

Faculté de Conservation

La Mémoire.

Qu'est-ce que la mémoire?

La mémoire est-elle, suivant l'expression de Condillac, une *sensation prolongée*?

Mais une sensation prolongée est une sensation qui a commencé et qui dure encore. Comment savoir qu'elle a commencé et qu'elle dure encore, sinon à l'aide de la mémoire? Donc une sensation prolongée, loin d'être la mémoire, suppose la mémoire.

Dirons-nous avec Hume que la mémoire est une *sensation moins vive*?

Mais le degré de vivacité ne change point la nature de la sensation : une sensation moins vive est toujours une sensation, et, par conséquent, la sensation moins vive de Hume ne diffère pas de la sensation prolongée de Condillac. D'ailleurs, l'expression « moins vive » implique une comparaison de l'état de conscience *actuel* avec l'état *antérieur ;* mais, cet *état passé*, comment le connaissez-vous, sinon par la mémoire?

Enfin ces deux théories empiristes supposent que nous ne nous souvenons que de nos sensations. Il faudrait montrer comment le souvenir d'un acte de vertu et d'une démonstration géométrique est une *sensation prolongée* ou *moins vive*.

Toutefois la théorie de Hume, renouvelée en substance par l'école Anglaise contemporaine, est fondée sur un fait qui prête à l'illusion. Nous ne pouvons guère nous rappeler vivement une sensation, qu'en même temps n'apparaisse dans la conscience cette sensation à un degré moindre et, pour ainsi dire, initial. Je me souviens de la saveur d'un abricot ; en même temps, si le souvenir est assez net, j'ai comme un arrière-goût de ce fruit.

Mais, notons-le bien, ce phénomène vient de l'imagination autant que de la mémoire ; la preuve, c'est que pour le produire l'imagination suffit.

D'ailleurs, tantôt il suit le souvenir et nait du souvenir ; tantôt il le provoque par voie d'association. Dans les deux cas, il est absolument différent du souvenir.

Les partisans de l'associationnisme, ne voulant reconnaître dans la mémoire, comme dans les autres facultés, qu'une forme particulière d'association, ne savent trop comment distinguer ce qui est souvenir de ce qui est perception actuelle, et encore de ce qui est imagination.

Quelques-uns ont recours à ce qu'ils appellent un *double contraste*.

Il y a perception quand par ma seule volonte je ne puis éloigner ou faire disparaitre le phénomène.

Cet état *contraste* avec l'imagination et le souvenir.

Il y a souvenir, lorsque je puis à mon gré et sans effort me présenter l'objet et le faire disparaitre.

Cet état *contraste* avec la perception, laquelle n'est point soumise à ma volonté, et avec l'imagination qui requiert toujours un certain effort.

On voit combien ces laborieuses subtilités sont impuissantes à expliquer la nature du souvenir, fait très simple et très naturel.

Analyse de souvenir. Je me souviens du lieu où j'ai passé mon enfance. A ce souvenir s'en rattachent beaucoup d'autres : que de choses, que de personnes je revois dans ce petit tableau ! que d'émotions, que de joies, que de douleurs peut-être autour d'une seule représentation, d'une seule idée, le lieu où je suis né !

Aujourd'hui j'ai conscience d'avoir connu ces personnes, d'avoir vu ces choses, d'avoir éprouvé ces émotions, douleur ou plaisir, et de les rapporter à un lieu précis, à un temps déterminé.

Royer-Collard a bien dit : « Nous ne nous souvenons que de nous-mêmes. » Se souvenir, c'est se revoir dans le passé, c'est se reconnaitre soi-même dans un état antérieur.

On dit : je me souviens des personnes et des choses ; mais si nous y regardons de près, nous voyons vite qu'en réalité nous nous souvenons de nos propres impressions, de différents états du moi auxquels ont donné occasion les choses et les personnes : personnes et choses, voilà l'objet indirect du souvenir ; directement, nous ne percevons dans le passé *que nous-mêmes*.

Il suit de là que le souvenir est composé de trois éléments : un fait, qui se réduit à un état du moi, la notion de temps passé, mon identité personnelle.

L'identité personnelle relie le passé au présent : évidemment il n'y a souvenir pour moi qu'autant que je suis le *même* à deux points différents de la durée. C'est moi qui ai vu, entendu, c'est moi qui ai ri, c'est moi qui ai pleuré. C'est donc le moi d'aujourd'hui qui se retrouve dans le passé.

Conditions psychologiques du souvenir.

On voit en même temps que le souvenir est la renaissance, la reconnaissance et, pour ainsi dire, la reconstitution d'un état antérieur.

Il faut, premièrement, que l'idée, l'impression, enfin l'état antérieur, se présente de nouveau à la conscience.

Comment renait en nous un état conscient d'autrefois, comment se réveille un souvenir ? Question très intéressante et très obscure, dont peut-être on entreverrait la solution dans le phénomène de l'association des idées, si la spontanéité naturelle de l'esprit ne déconcertait le psychologue, toutes les fois qu'il appuie ses théories sur un mécanisme intellectuel ou cérébral.

L'idée se présente-t-elle à l'esprit sans être *reconnue*, il y a proprement ce qu'on appelle, *réminiscence*. C'est ainsi qu'un beau vers, une délicieuse mélodie, se présentera subitement à l'imagination d'un musicien ou d'un poète. Le poète et le musicien rapporteront volontiers à leur propre génie cette mélodie ou ce vers ; en réalité, il y aura souvenir *inconscient*, ou *réminiscence* d'une précédente lecture.

Toutefois, ce qu'on appelle communément réminiscence, consiste dans la *reconnaissance* vague d'une idée antérieure. Ce n'est qu'un souvenir mal défini, un acheminement vers le souvenir plutôt qu'un acte complet de mémoire.

J'ai entendu cet air ; mais quel est-il, de qui est-il, où l'ai-je entendu ?...

J'ai vu cette personne ; mais où, quand, comment, qui est-elle ?...

Donc, *reconnaissance* de l'idée, ou de l'état antérieur, second degré de la mémoire.

Enfin, si non seulement je *reconnais* l'idée, mais si je la revois dans son cadre véritable, avec les circonstances de temps, de lieu, de personne, il y a *reconstitution* de l'état antérieur, il y a vraiment souvenir.

Beaucoup de nos actes de mémoire ne dépassent guère le second degré : ce sont des réminiscences.

Nous les amenons à l'état complet de *souvenirs* par un travail intellectuel d'un genre à part, qui est précisément, pour Aristote, la *réminiscence* : « ἀνάμνησις, reminisci, » c'est faire un raisonnement régressif, c'est revenir en arrière, comme on retourne sur ses pas pour retrouver un objet perdu. Aussi la reminiscence, selon Aristote, suppose-t-elle l'intelligence et la raison ; elle ne peut se rencontrer que chez l'homme, tandis que la mémoire, au moins sous sa forme sensible, nous est commune avec l'animal.

C'est dans un sens analogue, sans doute, mais au fond bien différent, que Platon entend la Réminiscence. D'après lui, l'âme a vu dans un monde antérieur, les réalités intelligibles, types premiers des choses, c'est-à-dire les *idées*. Au moment qu'elle entre dans un corps, elle s'abreuve aux eaux du Léthé et oublie toutes les connaissances de cette vie supérieure ; mais la vue des choses sensibles lui rappelle peu à peu les types intelligibles, dont les réalités extérieures ne sont que la copie et l'image. Arriver à la connaissance des idées, c'est-à-dire de la *vérité vraie*, pour Platon, c'est donc se souvenir.

Deux mémoires : mémoire sensible mémoire, intellectuelle.

L'école d'Aristote enseigne qu'il y a chez nous réellement deux mémoires, la mémoire sensible, faculté véritable, attachée à l'organisme, et la mémoire intellectuelle, qui n'est autre chose que l'esprit lui-même revenant par la réflexion sur ses propres connaissances.

Comme nous trouvons la mémoire même dans la sphère inférieure de l'animalité, il faut reconnaitre que la mémoire est possible sans intelligence ; toutefois, chez l'homme, est-il nécessaire d'admettre deux mémoires parfaitement distinctes comme facultés ? En général, les modernes ne le pensent pas.

Cependant, comme les Scolastiques, les philosophes modernes parlent de mémoire intellectuelle et de mémoire sensible.

Il semble bien en effet qu'il y ait un motif sérieux de distinguer, sinon deux mémoires, au moins deux fonctions différentes de la mémoire.

Chez l'enfant, ce qui domine tout d'abord dans l'acte de mémoire, c'est le côté sensible des choses. L'enfant n'apprend guère que sous forme d'images et à l'aide d'exemples. Il faut que les idées prennent un corps pour qu'il les retienne. Bien plus, à cet âge, on apprend aisément les mots, même sans comprendre la pensée.

A mesure que la raison se développe, le jeune homme donne, en général, moins d'attention à la forme qu'au fond, à l'expression qu'à l'idée ; pour apprendre, il cherche d'abord à comprendre.

Enfin, à l'âge mûr, la mémoire est ordinairement rebelle lorsqu'on veut lui confier des pensées qui ne s'enchaînent pas. La logique tient lieu de mémoire ; et la science, dans l'esprit d'un savant, est beaucoup moins un souvenir de notions acquises qu'une déduction rationnelle.

Cependant la mémoire sensible domine toujours dans les esprits qui ont le talent des beaux-arts; la mémoire intellectuelle est ordinairement le privilège des savants, des raisonneurs et des philosophes.

Conditions physiologiques du souvenir.

D'ailleurs, il n'est pas de faculté qui dépende plus intimement de l'organisme que la mémoire, au moins sous la forme sensible. Le langage consacre cette vérité : tantôt l'on compare la mémoire à une tablette sur laquelle on écrit, tantôt à un livre qu'on lit tout ouvert ; ces métaphores ont un fondement dans la réalité.

D'après les physiologistes, l'organe de la mémoire serait dans les circonvolutions antérieures du cerveau. Comment l'opération de la mémoire s'accomplit-elle dans cet organe ? L'école psycho-physique a essayé différentes explications. On nous parle de courants nerveux dans toutes les directions, comme les ondes sonores qui se croisent sans se mêler ; ces courants auraient une tendance à se reproduire ; tantôt ils sont comme en arrêt, en équilibre : c'est le souvenir à l'état latent ; tantôt un changement cérébral détruit l'équilibre : c'est le souvenir ou la mémoire en acte.

Toutes ces explications, insuffisantes en elles-mêmes, peuvent avoir une valeur relative, pourvu qu'on n'en exagère pas la portée et qu'on ne prenne pas le courant nerveux pour le souvenir, dont il n'est que la condition organique.

Ce qui parait donner à la théorie psycho-physique un certain appui, c'est ce qu'on appelle la Pathologie de la mémoire, *l'amnésie* et *l'hypermnésie*, selon que le sujet a perdu la mémoire en tout ou en partie, ou qu'il se trouve dans un état de mémoire surexcitée.

Des cas se rencontrent où une personne ne se souvient plus de toute une période de son existence, et tout à coup un changement cérébral ramène subitement les souvenirs perdus ; il est des cas non moins rares où une personne revoit, comme dans l'espace d'un clin d'œil, toute sa vie antérieure avec les détails les plus circonstanciés.

Sans pouvoir rendre exactement compte de ces phénomènes étranges, il n'est pas douteux que nous ne devions les rapporter en grande partie à des accidents spéciaux de la substance cérébrale, comme il arrive souvent aux vieillards, qui se rappellent avec tant de lucidité leur jeunesse et ne conservent presque aucun souvenir des petits évènements de leur vie présente. Cela peut venir de ce que les souvenirs de leur jeunesse ont laissé des traces plus profondes dans un cerveau plus tendre, mais surtout de ce que ces souvenirs du passé ont été fréquemment rappelés, de sorte que les lois rationnelles de l'attention et de l'association jouent encore ici le rôle principal.

Il en est de même, croyons-nous, dans le phénomène de l'hypermnésie. On dit que cette intuition subite et instantanee de la vie antérieure a lieu surtout dans un péril imminent, par exemple, chez une personne qui se noie. Ici la surexcitation de la mémoire nous parait bien être une réaction supérieure de la faculté intellectuelle en face de la mort.

Les lois de la mémoire. Une loi, exprimant le rapport d'un *antécédent* et d'un *conséquent*, trouve son expression naturelle dans la formule : *plus, — plus.*

Or, plus notre attention est vive, plus facilement nous apprenons, plus fortement nous retenons, plus promptement nous nous rappelons.

L'attention est donc la première loi de la mémoire.

Plus les idées et les faits se présentent à l'attention de l'esprit dans un état de liaison, de manière qu'étant comme soudés les uns aux autres ils s'évoquent réciproquement, plus facilement nous apprenons, plus fortement nous retenons, et surtout plus promptement nous nous rappelons.

L'association des idées est donc la seconde loi de la mémoire.

D'abord, nous appelons attention, non seulement le mode réfléchi et voulu de l'activité intellectuelle, mais encore cet état spontané qui résulte d'une impression vive.

De plus, par l'expression générale d'attention, nous comprenons le travail intellectuel sous toutes ses formes, et en particulier la *répétition* fréquente d'une connaissance acquise. Nous savons tous que pour bien apprendre et bien retenir, il faut revenir sur ce qui est appris, donner enfin à la mémoire l'*habitude* des notions qu'elle possède.

En second lieu, enchainer les notions et les faits pour les apprendre et les retenir, c'est un procédé familier à toute personne qui étudie.

L'enfant lui-même invente mille petits moyens ingénieux pour apprendre sa leçon. Il remarquera qu'elle commence à tel endroit de la page ; un alinéa ou une tache d'encre lui sera un point de repère.

Tous, plus ou moins, nous avons recours à des moyens analogues. Comment retenir les dates de l'histoire ? elles s'accolent aux évènements mémorables, et les évènements eux-mêmes, nous les soudons autant que possible aux notions géographiques, lesquelles ont pour nous, sur la carte, une forme sensible. Il arrivera ainsi qu'un écolier, ouvrant la carte de l'Europe, verra se dérouler devant lui toutes les campagnes de Napoléon avec leurs dates.

Sous une forme plus intellectuelle, qui se confond avec ce qu'on nomme la liaison des idées, l'association deviendra, pour l'homme mûr, l'esprit de méthode.

Il faut étudier avec méthode, c'est-à-dire, enchainer ses connaissances d'après les rapports de la cause à l'effet et des principes aux conséquences, pour se faire une mémoire vraiment forte et vraiment intellectuelle.

Toutefois la mémoire du savant n'est pas la mémoire de l'artiste ; la seconde se fonde principalement sur des associations, la première, sur des liaisons d'idées.

Conditions d'une bonne mémoire.

Facilité, sûreté, promptitude, telles sont les conditions d'une bonne mémoire : une mémoire heureuse apprend facilement, retient fortement, se rappelle promptement.

Ces trois qualités ne se trouvent pas toujours réunies ; la première se rencontre assez rarement avec les deux autres : qui apprend facilement donne moins d'attention, le souvenir est peu profond et disparaît vite.

Pourtant il ne faudrait pas croire qu'apprenant facilement on donne nécessairement moins d'attention; ce qui fait la valeur de l'attention, ce n'est pas le temps qu'elle dure, c'est son intensité.

Perfectionnement de la mémoire.

On a de tous temps reconnu et mis en œuvre certains procédés factices pour aider la mémoire. Le ton sérieux avec lequel Cicéron se complaît à énumérer ces moyens puérils, nous permet de croire que les anciens avaient pour la mnémotechnie une estime qui aujourd'hui ferait sourire : que dirait-on maintenant d'un orateur qui, pour soulager sa mémoire, attacherait mentalement les différents points de son discours aux différents angles de l'appartement où il parle ?

Cependant, de nos jours encore, les moyens mnémotechniques sont en usage, surtout pour l'instruction des enfants très jeunes : telles sont les cartes géographiques qui se démontent, et encore les histoires et les géographies en vers.

Il est, du reste, permis à tout le monde d'aider et de soulager sa mémoire, lorsqu'il s'agit d'apprendre et de retenir de pénibles nomenclatures. Les philosophes eux-mêmes, dans les règles du syllogisme mises en vers, et surtout dans les moyens de réduction des figures, nous ont donné un très ingénieux modèle de mnémotechnie.

Toutefois, en règle générale, il faut se garder d'employer à l'usage de la mémoire des procédés de simplification et d'abréviation qui ne disent rien à l'esprit ; ce serait habituer la mémoire, qui est une servante, à se conduire en maitresse sans tenir compte de la raison.

Pour aider, développer et enrichir la mémoire, d'une manière rationnelle, il faut donc, autant que possible, user des moyens que suggère la nature de cette faculté, c'est-à-dire des lois mêmes selon lesquelles son activité se déploie.

Or les lois de la mémoire, comme on l'a vu plus haut, sont l'attention et l'association des idées.

Nous pourrions donc rappeler ici tout ce que nous avons dit de l'attention comme loi de la mémoire : appliquer son attention, la renouveler, revenir sur les choses apprises, et continuer d'apprendre toujours, pour tenir sa mémoire en éveil.

L'attention, à moins qu'elle ne soit spontanée, comme dans le cas d'une impression vive, dépend de la volonté. Pour que la volonté applique l'esprit et le rende attentif, il est bon qu'elle soit sollicitée par un certain attrait. Mais, pour que l'étude devienne attrayante, il faut que l'esprit s'y applique sérieusement : l'application à l'étude demande le goût pour l'étude, et le goût vient de l'application ; comment sortir de ce cercle? En général, nous devons nous adonner spécialement aux études pour lesquelles nous avons de l'attrait ; dans tous les cas, il faut, au commencement, déployer de l'énergie, peu à peu le goût viendra, avec le goût la facilité d'attention, et avec l'attention le succès.

La seconde loi de la mémoire étant l'association des idées, nous devons apprendre les faits en les plaçant dans leur milieu naturel, ainsi que nous l'avons montré dans l'étude simultanée de la géographie et de l'histoire.

De plus, rattacher les événements à leurs causes et les idées à leurs principes, c'est-à-dire étudier avec méthode, en suivant le développement logique des idées et des faits.

Avant d'appliquer notre mémoire, donnons de la netteté et de la précision aux notions que nous voulons apprendre. Voyons comment une idée découle d'une autre idée et comment toutes s'enchainent. Il arrivera ainsi que nous aurons *appris* même avant l'opération matérielle *d'apprendre*, le souvenir des idées, dans une tête bien faite, étant, comme nous l'avons dit, une déduction rationnelle plutôt qu'un acte de mémoire.

VIII

Combinaisons des idées

Association, Imagination.

1 Association des idées. Par association des idées on entend, soit la tendance naturelle qu'ont les idées à s'unir dans l'esprit de manière que l'une évoque l'autre, soit le rapport d'après lequel les idées s'unissent, soit enfin la faculté de l'esprit en vertu de laquelle cette liaison s'accomplit.

C'est un fait d'expérience qu'une idée suggère une autre idée.

Je passe sur la place de la Concorde, je vois l'obélisque, me voilà en Egypte au temps des Pharaons : immédiatement je songe aux Pyramides, puis à Bonaparte, et j'entends la parole célèbre : « Du haut de ces pyramides, quarante siècles vous contemplent. »

Elles sont multiples les associations secrètes selon lesquelles nos impressions, nos idées, nos souvenirs et les images des choses sont groupées dans notre esprit.

On peut toutefois les ramener à deux genres : associations naturelles, essentielles, logiques, et associations accidentelles.

Rapports logiques des idées.

Ainsi les rapports de cause à effet, de principe à conséquence, de moyen à fin, de signe naturel à chose signifiée, sont des rapports essentiels, fondés sur l'essence même des choses, et logiques, c'est-à-dire des liaisons d'idées. Ce n'est pas accidentellement que l'idée de père me suggère l'idée de fils ; ce n'est pas davantage parce que l'aile de l'oiseau et son vol se sont associés dans mon esprit, que l'un me fait songer à l'autre ; de même, si, pensant à un théorème de géométrie, mon esprit se reporte immédiatement sur le théorème qui précède, ce n'est point l'effet d'un hasard d'association, mais bien le résultat logique de la pensée déductive.

M. Jamet a donc montré une grande justesse d'analyse, lorsqu'il a distingué les associations proprement dites des *liaisons d'idées*, qui réellement ne peuvent être confondues avec l'association que par l'école empiriste de Stuart Mill.

Rapports accidentes.

Tout autres sont les associations véritables, les associations fondées sur des rapports accidentels et fortuits.

La vue d'une personne qui passe dans la rue,

me rappelle le souvenir d'une autre personne : rapports de ressemblance ou de contraste.

La colonne Vendôme me fait songer à la bataille d'Austerlitz, Louis XIV me rappelle Racine, Boileau, Molière : contiguïté dans l'espace et dans le temps.

Quelquefois il arrivera, par exemple, que l'idée de Paris me suggèrera l'idée de Pékin, par le fait même de l'éloignement dans l'espace. De même Pascal ne pourra songer à l'Infini en grandeur sans concevoir l'Infini en petitesse.

L'école de l'association ne veut reconnaître que des rapports de contiguïté dans la conscience.

Il semble en effet, à première vue, qu'une idée n'en puisse évoquer une autre, à moins que toutes deux n'aient été pensées en même temps. Si elles n'avaient pas cette contiguïté dans la conscience, l'une ne pourrait suggérer l'autre par voie de ressemblance ou de contraste, puisque, pour saisir ce contraste ou cette ressemblance, il faudrait d'abord les poser en face l'une de l'autre et les comparer. Nécessairement donc toute association se réduit à une contiguïté dans la pensée. Et cependant il paraît évident qu'une idée suggère une autre idée, sans que, réellement, nous les ayons une fois pensées en même temps ; ce qui est contigu dans la conscience, ce ne sont pas les deux idées, mais les deux états qui représentent ces idées. La vue d'un objet reproduit en moi un état de conscience qui correspondait à la vue d'un autre objet voilà dix ans : la *similitude* d'états de conscience fait que le premier me suggère le second.

Cette explication, qui peut avoir un fond de vérité, repose pourtant sur une erreur. On veut que tout en nous se réduise à des associations, que l'esprit n'ait point par lui-même cette activité merveilleuse en vertu de laquelle il passe, par une force qui lui est propre, d'une idée à une autre idée. Dans cette préoccupation systématique de réduire à rien l'activité intellectuelle, il faut bien que l'école associationniste n'accorde plus que des conditions mécaniques au mouvement et à la succession des idées.

Influence de l'association sur la tournure d'esprit.

La nature de l'association suit pour chacun de nous la tournure de l'esprit lui-même.

Dans une tête d'artiste, ordinairement les idées, les sentiments, les images s'enchaînent, se succèdent par voie de ressemblance et de contraste ; c'est ce qui fait, chez un poète, la richesse et l'éclat de l'imagination. Les analogies, les comparaisons, les métaphores, les antithèses ont leur source dans ces rapports fortuits des images et des idées. Le soleil se couche sur la mer ; en même temps qu'il descend majestueusement dans les flots, son image semble monter à leur surface : le poète nous dira :

« *Comme deux rois amis, on voyait deux soleils*
Venir au devant l'un de l'autre. »

V. H.

La rime elle-même, pour une oreille brisée à l'habitude de cette consonnance, est-elle autre chose qu'une association ? le son de deux ou trois syllabes évoque un son pareil, et parmi tous les sons pareils que l'association amène à l'esprit, l'esprit *choisit*.

Mais dans la tête du savant, du raisonneur,

du mathématicien, du philosophe, ce qui domine, ce sont des *liaisons d'idées.*

Toutefois, si le genre d'association dépend pour chaque esprit de sa tournure particulière, ajoutons que l'Association elle-même réagit et donne à l'esprit sa tournure.

Influence de l'éducation et de la volonté sur l'association, et réciproquement.

Sans doute les associations dépendent beaucoup du milieu où l'on a vécu, de la famille, de l éducation ; cependant notre propre volonté, et la volonté de ceux qui nous dirigent, a beaucoup d'empire sur nos associations d'idées.

En effet, de même que la volonté, sollicitée par les passions, contribue à créer en nous des associations funestes et fausses, elle peut aussi par sa propre énergie combattre ces associations qu'elle a faites, et les remplacer peu à peu par des associations conformes au bien et au vrai.

Entre l'Association et l'habitude il y a grande ressemblance ; toutes deux sont fondées sur la tendance que nous avons à répéter un acte qui s'est fait une fois dans ses conditions normales ; et l'on peut dire de l'association ce qu'on dit de l'habitude : « consuetudo consuetudine vincitur. » On ne détruit une association que par une association contraire.

Détruire pour édifier, c'est d'après ce principe que doit se faire l'éducation de la jeunesse.

Ainsi procédait Socrate. D'abord il s'appliquait à *purifier* de ses idées fausses l'esprit qu'il voulait amener au vrai. Ensuite, par une série d'interrogations bien ménagées, il obligeait son interlocuteur à se créer lui-même des idées justes. Ainsi, bien que le procédé Socratique soit fondé sur la liaison des idées et non sur l'association, on peut dire, au sens large, que Socrate détruisait dans l'esprit de ses concitoyens les associations fausses en les amenant à des associations vraies ; et c'est là en quoi consiste précisément le labeur de l'éducation : transformer les esprits, et par la transformation des esprits arriver à la transformation des cœurs.

Le rôle de l'association dans le développement de la connaissance humaine.

L'association des idées joue un grand rôle dans la formation de la connaissance humaine, dans le développement de nos facultés, surtout de celles qui tiennent davantage à l'organisme, les sens, la mémoire, l'imagination et le langage.

Nous avons montré comment la perception des sens se développe et s'enrichit par l'association ; à la donnée matérielle des sens s'ajoute et et se soude pour ainsi dire une donnée intellectuelle ; ainsi le musicien, dans un concert, reconnaît à l'oreille les différents instruments qui le composent.

Quant à la mémoire, nous avons dit comment l'association est la première de ses lois ; sans l'association, le premier acte de mémoire serait-il possible ? Comment, en effet, se présente le souvenir ? Pourquoi tel souvenir plutôt que tel autre ? Pour expliquer cette reviviscence spontanée du souvenir, ne faut-il point avoir recours à une association cachée des états de conscience ?

Nous venons de voir, à propos des images brillantes que nous offre la poésie, quel grand secours l'imagination tire des associations accidentelles, ressemblance et contraste. En effet, l'imagination, même sous sa forme inférieure, procède plus ou moins par voie de *dissociation* et d'association. Elle s'empare des images que lui fournit la mémoire, les sépare, et ensuite les combine suivant qu'elles s'attirent les unes les autres par contraste ou ressemblance.

Mais nulle opération intellectuelle ne requiert peut-être autant le service de l'association, que le langage. Parler, c'est mettre un terme sous une idée ; or l'idée appelle le mot, et le mot à son tour provoque l'idée. La parole improvisée demande surtout une grande puissance d'association ; c'est alors que le mot vient naturellement se placer sous l'idée, et que souvent même, par son éclat et ses contrastes, il la fait jaillir.

Le pouvoir de l'association se montre d'une manière non moins frappante dans les variations du sens qui s'attache à un mot, et c'est même la raison pour laquelle il n'y a vraiment de synonymes dans aucune langue : impossible en effet de trouver deux mots qui rendent pour l'esprit un son complètement identique.

Les générations, se servant d'un mot, y laissent souvent une nuance de signification qu'il n'avait pas d'abord, de manière que le même mot, avec le cours du temps, ou modifie sa signification première, ou, perdant son sens propre, n'est plus en usage qu'au sens figuré, ou même les couches d'associations déposées, pour ainsi dire, autour de ce mot par les siècles transformant sa physionomie, on ne le connait plus que sous l'acception nouvelle. Stuart Mill cite le mot latin, *paganus,* habitant des villages, qui signifie aujourd'hui *infidèle*. Les campagnes ayant résisté plus longtemps que les villes à l'influence chrétienne, on désigna sous le nom de « pagani, » payens, les derniers adorateurs des idoles.

Enfin les arts et les sciences elles-mêmes tirent un merveilleux secours de la faculté qu'a notre esprit d'associer les sensations et les idées. L'association, avons-nous dit, est-elle autre chose qu'une forme de l'habitude ? Une science est une habitude intellectuelle, il en est de même pour les arts, au moins en ce qu'ils ont de matériel et de purement *technique*.

Mais, ne l'oublions pas, l'association qui est utile à tout, ne suffit à rien.

L'Associationnisme et ses excès.

L'école Associationniste qui a pour chef Stuart Mill, lequel procède de Hume, prétend expliquer par l'association toutes les opérations du moi, et non seulement les opérations du moi, mais encore toutes les facultés qui correspondent à ces opérations, ou plutôt, d'après cette école, il n'y a pas des facultés, mais des associations différentes constituant des états de conscience différents.

L'exagération de cette théorie est évidente. L'association, pour aider et compléter la perception des sens, n'est point elle-même cette perception. Elle peut aider la mémoire, mais l'acte de mémoire proprement dit, lequel a pour condition absolue la notion de temps passé, ne saurait s'expliquer par l'association toute seule.

L'imagination fait un grand usage de l'association des idées, mais très certainement le pouvoir de combiner et de transformer les données de l'expérience, n'est point une association fatale, aveugle et, pour ainsi dire, mécanique de ces mêmes données.

Le langage, surtout le langage parlé, doit beaucoup à l'association, mais il implique une activité intellectuelle qui n'a rien de commun avec l'association elle-même.

Enfin, c'est dans la prétention d'expliquer par l'association les principes premiers de la connaissance, que se montre tout particulièrement l'esprit systématique de cette école.

Le principe de causalité, — tout ce qui arrive a une cause, et le principe d'induction, — une même cause dans les mêmes conditions produit le même effet, ne seraient que des formules empiriques, fruits de l'habitude et de l'association des idées.

Un phénomène succède à un autre phénomène, une fois, deux fois, trois fois ; l'idée du premier s'unit invinciblement dans notre esprit à l'idée du second, l'idée du second à l'idée du premier ; j'appelle le premier *cause*, le second *effet*, et je dis : tout ce qui arrive est l'effet d'une cause.

Je m'approche du feu et j'éprouve la sensation de brûlure. Invinciblement l'idée du feu me fera penser à la sensation douloureuse que j'ai ressentie, et j'éviterai de m'approcher trop près du feu. L'induction est cela, et rien de plus.

Nous demandons à Stuart Mill et à son école comment il se fait que nous nous trouvions ici en présence d'associations absolument indestructibles. Je puis bien, expérimentalement, et par voie d'association, au moment où je m'approche du feu, songer à la douleur possible ; mais je ne puis, expérimentalement, et par le seul fait de l'association, porter un jugement *universel* ; je ne puis prononcer absolument que le feu doit nécessairement produire en moi et en toute autre personne la sensation de brûlure, qu'il en a été toujours ainsi, qu'il en sera toujours ainsi.

Il est donc évident que le principe d'induction dépasse l'expérience ; il en est de même pour le principe de causalité. Le rapport de cause à effet n'est point un rapport de succession, ou, pour employer les termes de l'école empiriste, un rapport de *séquence*. La nuit succède au jour, et pourtant le jour n'est pas la cause de la nuit. Stuart Mill nous dira que le rapport de *séquence* doit être *inconditionnel*, ce qui n'a pas lieu dans le cas présent, puisque la nuit succède au jour *à condition* que le soleil se couche. Je réponds : oui, le rapport doit être *inconditionnel*, mais pour qu'il y ait ce caractère, il faut nécessairement qu'il y ait rapport, non seulement de *succession*, mais de *production*. Or, la production est le résultat d'une activité en exercice, c'est-à-dire d'une cause, et non pas la liaison de deux phénomènes qui se succèdent. Aussi puis-je dire sans crainte d'erreur que tout ce qui arrive a une cause, qu'il en a été toujours ainsi, qu'il en sera toujours ainsi.

Donc le principe de causalité et le principe d'induction, justement appelés principes rationnels, sont infiniment supérieurs à toute expérience et ne relèvent nullement de l'association des idées.

2 L'imagination.

Imaginer, c'est voir dans son esprit les choses matérielles en leur absence, c'est, d'une manière plus générale, se représenter les choses sous une forme sensible.

Si à l'imagination s'ajoute l'idée de temps passé, il y a, non seulement acte d'imagination, mais aussi acte de mémoire : le plus souvent l'acte de mémoire, ou le souvenir, est accompagné d'une représentation sensible, c'est ce qu'on appelle la mémoire *imaginative*.

Ce qui distingue précisément l'imagination du souvenir, c'est que dans l'acte d'imaginer n'est impliquée aucune notion de temps passé. Je vois dans mon esprit une campagne couverte de moissons ; il est bien possible que j'aie vu autrefois une campagne à peu près semblable à celle-là; cependant ma vision actuelle est toute d'imagination et ne se rapporte nullement au passé.

Imagination reproductrice. L'imagination, à ce degré, est souvent nommée *reproductrice* : elle *reproduit* ce que les sens lui ont donné. Ainsi comprise, elle n'est pas spéciale à l'homme; l'animal lui-même *imagine*, puisqu'il se souvient et qu'il rêve.

Cette imagination inférieure dépend beaucoup de l'organisme : elle correspond, en quelque sorte, à la mémoire sensible. Etant liée aux dispositions physiologiques du cerveau, elle en subit les vicissitudes, et presque tous les cas de folie doivent probablement se ramener à des états pathologiques de la faculté imaginative.

L'imagination est vraiment une faculté de *combinaison*. Ce qui a frappé les sens est resté dans la mémoire; l'imagination s'empare de toutes ces richesses, et alors, par voie de dissociation et d'association, elle les combine selon des formes nouvelles, ce qui donne lieu à cette fantasmagorie intérieure de l'état de rêverie et de l'état de rêve.

Dans le rêve et dans la rêverie, il semble que les images se combinent d'elles-mêmes selon les caprices d'une association dont le fil nous échappe.

Ce qui distingue profondément ces deux états, c'est que le rêve est un état de sommeil, tandis que la rêverie est un état de veille. Dans le premier, la réflexion volontaire est entièrement abolie; dans le second, la volonté n'est que suspendue, et au premier moment elle peut reprendre la direction des idées.

Il semble, d'après ce que nous venons de dire, que l'imagination n'est jamais simplement reproductrice, puisque toujours elle transforme les données des sens. Toutefois, dans les limites de cette activité inférieure de combinaison, l'imagination ne crée rien de nouveau, elle arrange seulement d'une manière différente les images et les idées que lui fournit la mémoire.

Imagination créatrice.

A un degré supérieur, l'imagination est dite *créatrice*.

L'imagination exerce son pouvoir créateur dans les sciences, dans les arts mécaniques et l'industrie ; mais c'est tout particulièrement dans les beaux-arts qu'elle est dite par excellence créatrice.

Le savant qui, dans son laboratoire, invente une expérience décisive ou conçoit une hypothèse de génie, fait œuvre non seulement de raison supérieure, mais encore d'imagination ; il en est de même pour les grands systèmes de philosophie : qui pourrait dire la part de l'imagination créatrice dans les systèmes de Platon et de Leibniz ?

Le travail de l'imagination est également créateur dans la mécanique et l'industrie. Ces superbes machines qui perfectionnent et augmentent la puissance de l'homme, que sont-elles ? des produits de l'imagination encore plus que du calcul.

Mais, nous l'avons dit, l'imagination est spéciament créatrice dans les beaux-arts.

En quoi peut consister le travail créateur du peintre, du musicien, du poète ?

Dieu seul est véritablement créateur, Dieu seul de rien peut faire quelque chose, — « ex-nihilo » ; l'homme à le pouvoir de transformer les choses créées, c'est-à-dire de les modifier : Dieu crée des substances, l'homme peut créer des modes, et encore, les modifications qu'il impose, les prend-il dans la nature elle-même. Dans ce sens général, tout travail est créateur ; mais le travail créateur par excellence, « ποίησις », c'est le travail de l'art.

Il n'est pas dans une Vierge de Raphaël un seul trait qui ne se trouve absolument dans la nature ; mais la nature ne fournit jamais un ensemble, une combinaison de traits qui réalise à ce point la beauté.

L'artiste conçoit donc un *idéal,* c'est-à-dire un type de beauté dans chaque ordre de choses ; et cet idéal, il s'efforce de l'exprimer, de le faire resplendir dans une forme sensible avec les moyens que la nature lui fournit : couleurs, sons, paroles soumises à un rythme plein de grâce et d'harmonie.

En réalité, la nature est toujours supérieure à l'homme. On dit que Michel-Ange, ayant achevé son Moïse, le frappa du marteau en disant : « Maintenant, parle ! » Ce mot qui exprimait le triomphe de l'art, indiquait pourtant son infériorité devant la nature : la nature donne la vie réelle, l'art n'en peut donner que l'illusion. Mais la nature et l'art ont un but différent : la nature tend au réel par les conditions du réel, en vue de la conservation de ce qui est ; l'art tend à l'expression d'un idéal caché sous le réel, en vue de produire dans l'esprit qui contemple, un sentiment pur et désintéressé qu'on nomme le sentiment du beau.

Toutefois le poète ou l'artiste n'est pas seulement créateur dans l'idéal conçu et exprimé, mais encore dans la *fiction.*

Pour exprimer l'idéal, l'artiste suit la nature elle-même, qui se déclare vaincue devant les beautés supérieures qu'elle n'a jamais réalisées.

Dans la fiction l'artiste, prend, comme toujours, les éléments fournis par la nature, mais, au lieu de les combiner comme la nature elle-même, il leur donne des formes étranges, qui sont, en quelque sorte, la contrefaçon de la réalité. Les centaures et les chimères sont des fictions ; de même la forêt enchantée du Tasse, l'histoire de Gargantua, les voyages de Gulliver.

On voit immédiatement que le travail de l'artiste est moins noble, moins élevé dans la *fiction* que dans *l'idéal*.

Rôle de l'imagination dans la vie intellectuelle et morale.

D'après les conditions résultant de l'union de l'âme et du corps, les facultés de l'esprit les plus élevées requièrent, pour leurs propres opérations, le secours des sens, et en particulier de l'imagination.

Suivant Aristote et les Scolastiques, toute idée est plus ou moins abstraite d'une image, et par conséquent l'imagination serait nécessaire à l'exercice même de l'intelligence, dans son état d'union avec un organisme.

Outre ce rôle général de l'imagination dans l'exercice de la faculté intellectuelle par excellence, nous avons montré que l'imagination est la mère des arts industriels et surtout des beaux-arts.

Nous pourrions ajouter qu'elle exerce une influence considérable dans tout le domaine de la science, par exemple, en géométrie, où elle met sous les yeux de l'esprit les figures sur lesquelles il opère, en physique, en chimie et dans toutes les sciences expérimentales, où elle découvre de nouveaux procédés et de nouvelles applications de la méthode.

Enfin l'imagination embellit et charme la vie, non seulement par le moyen des arts, mais aussi, d'une manière plus générale, par le coloris qu'elle sait prêter aux choses. Une imagination riante répand sa gaieté sur les plus rudes labeurs, sur la souffrance, le malheur et la pauvreté ; parler de l'imagination, n'est-ce point parler de l'espérance ?

De plus, l'imagination a une action puissante sur le sentiment : outre qu'une nature imaginative est ordinairement une nature sensible, il est certain que le pouvoir de se représenter vivement le plaisir et la douleur, la beauté de la vertu et la laideur du vice, est favorable au développement des sentiments les plus nobles de l'âme humaine. Imaginer d'une manière saisissante le malheur de ceux qui souffrent, c'est exciter dans son cœur le désir et la volonté de leur venir en aide. La compassion et la charité ont un puissant auxiliaire dans l'imagination.

Nous devons pourtant ajouter que la faculté imaginative, qui est la source de tant de biens et le charme de la vie, se trouve être également la mère de beaucoup d'erreurs, une des causes de la dégradation morale et l'origine de la plupart des malheurs qui affligent l'humanité.

En effet, au point de vue de la connaissance, l'imagination tend à usurper le rôle de l'esprit. L'image prend la place de l'idée, et les couleurs brillantes séduisent l'intelligence : combien d'hommes se repaissent de vaines paroles, parce qu'elles ont de l'éclat et de la sonorité ! La sophistique et la fausse éloquence trouvent toutes deux une complice dans l'imagination.

L'imagination créatrice elle-même, abdiquant la dignité de l'art, se fait trop souvent la pourvoyeuse des passions les plus viles.

Enfin, l'imagination, qui, bien réglée, embellit notre existence, en devient, lorsqu'elle est mal réglée, la désolation et le supplice. Dans les têtes mal équilibrées, elle règne en maitresse à la place de la raison ; de là un nombre infini de désordres dans les pensées, les sentiments, la conduite, de là ausssi parfois la folie.

C'est en songeant à ce mauvais usage de l'imagination que Pascal et Malebranche ont malmené cette noble faculté ; celui-ci l'appelle « la folle du logis, » assurément elle mérite ce nom lorsqu'on l'établit gouvernante, et celui-là, « une maitresse d'erreurs, » et elle l'est véritablement lorsqu'on lui demande la vérité : mais n'est-il point déraisonnable d'exiger de l'imagination la vérité, lorsqu'elle a pour domaine la fantaisie ? Bossuet est plus juste à son égard, il lui assigne sa place naturelle et son rôle véritable : elle doit rester soumise à l'esprit, auquel elle prête de merveilleux secours ; chez un homme accompli au point de vue intellectuel, une brillante imagination doit s'unir à une forte raison. Cet idéal ne s'est-il point réalisé dans Bossuet lui-même ?

IX

Facultés d'élaboration,

l'activité intellectuelle.

Nous pourrions comparer les facultés d'acquisition, la conscience et les sens, aux abeilles qui vont butiner le suc des fleurs.

Au fond de la ruche se trouvent d'autres abeilles, qui épurent les sucs et les transforment en miel ; le travail de ces abeilles industrieuses présente assez bien l'image des fonctions de *l'activité intellectuelle*, — attention, abstraction, comparaison, généralisation, jugement, raisonnement, — lesquelles, sous la direction des principes supérieurs de la raison, produisent avec les données de l'expérience, les matériaux de la science et la science elle-même.

1 **L'attention.** L'attention est moins une fonction particulière de l'esprit que la condition de toutes les autres.

L'attention, que nous avons déjà étudiée comme loi de la mémoire, est une application *spontanée* ou *volontaire* de l'intelligence ; *spontanée* d'abord, elle est ensuite *voulue* ; on *voit* avant de *regarder*, on *entend* avant d'*écouter*.

Il est facile de comprendre le rôle de l'attention dans le développement de la connaissance humaine. La science ne s'acquiert pas sans travail et le travail, c'est une attention soutenue. « Le génie est une longue patience, » a dit Buffon ; et comme on demandait à Newton comment il avait résolu le problème de la gravitation universelle, ce grand homme répondit : « en y pensant toujours. »

Notons qu'il ne faut pas confondre l'attention et la réflexion : être *attentif*, c'est appliquer son esprit au *non-moi*; *réfléchir*, c'est se replier sur *soi-même*.

Ici se présente naturellement le phénomène de la *distraction*. Se détourner d'une manière en quelque sorte *inconsciente* de l'ordre d'idées auxquelles on s'était appliqué par un acte de *volonté réfléchie*, c'est être distrait. Il semble que l'esprit et l'imagination, emportés subitement par l'attrait d'une idée qui les préoccupe, échappent, comme sans avertir, à la direction de la volonté ; mais si l'imagination et l'esprit échappent à la volonté, c'est qu'en réalité ils *échappent* à la réflexion. L'état de distraction est donc un état d'attention sans réflexion : l'attention est très vive, la réflexion est nulle ; l'absence de la réflexion explique l'absence de direction volontaire, la volonté s'endort par le fait même que la réflexion est suspendue. Ne pourrions-nous pas dire que l'esprit et l'imagination font *l'école buissonnière* pendant le sommeil de la réflexion et de la volonté ?

Abstraire, c'est porter successivement son attention sur les modes en négligeant la substance, sur la substance, indépendamment des modes, et sur chacun des modes considérés séparément les uns des autres. Si je considère cette orange comme chose en soi, indépendamment de sa forme, de sa couleur, de son odeur, ou si je prends la couleur, l'odeur, la forme, sans l'orange elle-même, et encore, la couleur sans l'odeur, ou l'odeur à part, je fais une *abstraction*.

Dangers de l'abstraction.

L'abstraction est si naturelle à l'esprit humain, que, trop souvent même, il réalise ce qui n'est qu'un jeu d'imagination, de manière qu'une abstraction pure se pose devant moi comme une absolue réalité. Les dieux du paganisme antique sont-ils autre chose qu'une abstraction réalisée ?

« *Minerve est la sagesse et Vénus la beauté.* »

Qu'est-ce donc, pour un grand nombre de nos contemporains, que le Progrès, la Civilisation, même la Liberté, sinon des abstractions que l'imagination *réalise*, et auxquelles chacun prête une physionomie différente ?

De même dans les sciences. Des abstractions passées à l'état d'idole ou de fétiche ont parfois arrêté le mouvement des sciences et de la philosophie elle-même. Ainsi *l'horreur de la nature pour le vide* fera monter l'eau dans les pompes : l'horreur du vide est une abstraction, la nature ainsi entendue en est une également.

On a reproché aux Scolastiques l'habitude de mettre en avant des abstractions pour voiler leur ignorance : à bout d'explications rationnelles et scientifiques, ils ont recours, dit-on, à des *entités* mystérieuses, à des *forces occultes* ; « la vertu dormitive » dont se joue si agréablement Molière n'est que l'exagération de ce défaut.

Ajoutons que les modernes, si sévères pour le Moyen-Age, n'échappent pas complètement à la tendance que nous avons tous à nous créer des chimères quand la réalité nous manque. Qu'est-ce que *l'affinité* en chimie, *l'attraction* en physique, la *force* en mécanique ? Autant de mots créés pour dissimuler notre ignorance.

Au moins ces dénominations ont-elles une valeur hypothétique au point de vue de la science. Mais combien d'abstractions vides de sens ne trouvons-nous pas dans la philosophie contemporaine, et en particulier dans la psycho-physique, qui répond volontiers à une difficulté par une métaphore ! Demandons à M. Taine ce qu'il entend par *l'endroit* et *l'envers* dans un phénomène psycho-physique, et encore, ce que peut bien signifier, dans le même phénomène, la partie *convexe* et la partie *concave.*

Quoi qu'il en soit de ses dangers, l'abstraction est naturelle et même nécessaire à l'esprit humain par le fait qu'étant, pour ainsi dire, engagé dans un organisme par ses facultés auxiliaires, la mémoire et l'imagination, il ne peut trouver immédiatement *l'intelligible*, son objet, qu'en le dégageant par abstraction des données sensibles.

3° La Comparaison.

Penser, c'est vraiment saisir des rapports ; or, saisir des rapports, au moins pour une intelligence discursive, c'est établir le résultat d'une comparaison. La *comparaison* est donc une des fonctions essentielles de l'esprit humain.

Nous la retrouverons bientôt dans le jugement, dans le raisonnement, plus tard, dans la classification ; ici nous l'étudions dans son acte le plus simple, celui qui consiste à mettre en rapport les idées.

A ce point de vue, il est impossible de la séparer entièrement de l'opération dont elle est la condition première : la *généralisation.*

4° La généralisation.

Je compare, quant à leur couleur, cette feuille de papier, cette goutte de lait, cette boule de neige : ces trois objets, si différents d'ailleurs, se présentent comme identiques relativement à une propriété qui leur est *commune*, la blancheur.

Je compare cette grenouille, ce chien, ce bœuf, quant à leur système nerveux, négligeant toutes les différences qui les séparent d'ailleurs, et, sous l'unique rapport du système nerveux, je les perçois comme identiques, je dis vertébrés.

Donc *généraliser*, c'est considérer comme propriété commune à plusieurs êtres ce qui est identique individuellement dans chacun deux ; *géné-*

raliser, c'est négliger les différences pour ne voir que les ressemblances : ce en quoi ces êtres, d'ailleurs très différents, se ressemblent, devient une propriété commune à tous.

A la généralisation correspond *l'idée générale*, comme à l'abstraction correspond *l'idée abstraite*, Toute idée générale est une idée abstraite, mais toute idée abstraite n'est pas générale : l'idée que j'ai de la blancheur de cette feuille de papier est *abstraite*, puisque je prends la couleur sans la feuille, mais elle n'est pas *générale*, puisque c'est la blancheur de cette feuille en particulier.

Il ne faut pas confondre les idées *générales* avec les idées *universelles*.

L'idée générale est, comme nous l'avons dit, le fruit de l'abstraction.

L'idée universelle, étant la condition et le signe de la raison même, dépasse toute abstraction possible. L'idée générale ne se rapporte qu'à un certain nombre d'individus, comme les idées de genre et d'espèce, tandis que l'idée universelle s'applique *universellement* ; telles sont les idées de vrai, de bien, de substance et de cause.

Rôle des idées générales dans la science.

Platon et, après lui, Aristote, enseignent que la science a pour objet, non le *particulier*, « τὸ καθ'ἕκαστον, » mais le *général*, « τὸ καθόλου » Il n'y a pas de science du particulier, pas de science des choses qui passent, ajoutent les Scolastiques, « nulla est fluxorum scientia. »

En effet, l'individu et le phénomène disparaissent : « πάντα ῥεῖ », tout passe, tout s'écoule, c'était l'axiome de Démocrite. Si tout s'évanouit, si rien n'est fixe, stable, permanent, pas de science possible. Le caractère de la science, c'est de participer à la nature de l'absolu : sous peine de n'être que *l'opinion*, il faut que la science d'aujourd'hui soit encore la science de demain.

Dans l'ordre des faits, la science ne peut donc avoir pour objet que les lois ; quant aux individus, la science n'en peut reconnaitre que la *notion* représentée par le genre et l'espèce. De même pour la Géométrie ; ce n'est pas le triangle figuré sur le tableau qui fait l'objet de son étude, mais le *triangle en général*, qui, n'étant ni celui-ci, ni celui-là, est simplement le triangle.

Voulant réagir contre l'empirisme des Sophites, Platon a montré que la science a pour objet ce qui demeure, ce qui est immuable et fixe. *Ce quelque chose de fixe et de permanent*, c'est, pour Platon, l'intelligible pur, le type éternel des choses, l'idée. Evidemment la réaction platonicienne dépasse le but qu'elle veut atteindre, l'objet de la science ne pouvant être pour nous l'idée éternelle, qui se confond avec l'intelligence divine elle-même.

Pour Aristote, qui serre de plus près la réalité, l'objet de la science, c'est l'individu, considéré, non pas dans son *individualité*, mais dans l'ensemble des propriétés qui en constituent l'essence, c'est-à-dire dans sa *notion*.

De la valeur des idées générales.

Cette question si importante de la valeur des idées générales a préoccupé tout le Moyen-Age ; c'est ce qu'on est convenu d'appeler la *querelle des Universaux*.

Les idées universelles, — et ici, par idées universelles, nous entendons les idées générales, — se distribuent en cinq classes ; en effet, tout attribut possible se rapporte à un sujet, ou comme *genre*, ou comme *différence*, ou comme *espèce*, ou comme *propre* ou comme *accident* : je dis de Socrate qu'il est un animal (*genre*), raisonnable (*différence*), — les deux idées réunies forment *l'espèce*, — doué de la faculté de parler (*propre*), sage (*accident*). Tels sont les cinq Universaux.

L'auteur de l'Introduction à La Logique d'Aristote, Porphyre ayant parlé des cinq classes d'idées générales, ajoute qu'il ne veut point se prononcer sur la question de savoir si les Universaux contiennent une réalité, ou s'ils ne sont que de pures catégories idéales. C'est là en effet, non plus une question de logique pure, mais un problème de Métaphysique générale ; et ce problème, qui a divisé le Moyen-Age, se posera aussi longtemps que la raison aura à défendre ses droits contre les attaques de l'empirisme sceptique.

Les *nominalistes*, ayant à leur tête Roscelin, au XIe siècle, Occam, au XIVe, prétendaient que les idées générales ne sont que des *mots*, des émissions de voix, « flatus vocis, » par lesquels nous désignons des *collections d'êtres*, nous épargnant ainsi la peine de nommer chaque individu à part. Telle est encore aujourd'hui l'opinion des empiristes, qui confondent volontiers *collectif* et *général*, et remplacent, avec M. Taine, la vieille expression « flatus vocis » par le mot « étiquette. »

Les *Réalistes* représentés au XIe siècle par Guillaume de Champeaux, au XIIIe par Duns Scott, enseignaient, d'une manière plus ou moins nette et explicite, que les idées générales, l'espèce et le genre, par exemple, sont des réalités, qu'elles existent réellement *et en soi*, « à parte rei », dans les individus : ainsi *l'humanité* est tout entière et identiquement la même chez Socrate et chez Platon, avec les accidents particuliers qui s'y ajoutent pour déterminer l'individualité de Platon et l'individualité de Socrate.

Au XIIe siècle, Abélard voulut, dit-on, soutenir une opinion moyenne. Pour lui *l'universel* serait un *pur concept* enveloppant tous les individus, mais au fond ne représentant rien autre chose que chaque individu pris à part. Roscelin ne voyait que des termes exprimant des *collections*, Abélard ne voit que des idées de *collections*. Toutefois, notons-le bien, le terme *collectif* ou l'idée *collective* ordinaire se rapportent à l'ensemble des individus, et non à chaque individu pris à part ; ainsi *armée* se dit de l'ensemble des soldats et non de chaque soldat, tandis que « l'étiquette » de Roscelin ou de M. Taine, et le concept d'Abélard, se rapportent à chaque individu comme à l'ensemble des individus, sans exprimer pourtant autre chose appliqué à tous et appliqué à chacun.

La doctrine d'Abélard a été diversement interprétée ; d'après la tradition scolastique, nous devons l'entendre dans le sens du *Conceptualisme* pur : l'Universel serait donc un concept de l'esprit, et rien de plus.

Ainsi entendu, le Conceptualisme diffère à peine du Nominalisme. Que *l'universel* soit un pur *mot* ou un pur *concept*, dans les deux cas, l'objet réel de la science, à moins d'être purement *nominal* ou purement *idéal*, n'est que l'individu, le singulier, le mobile et le variable ; le scepticisme est donc l'inévitable résultat du Nominalisme et du Conceptualisme pur.

Le *Réalisme* sauve la science, puisqu'il lui donne un objet fixe ; mais, prenons-y garde, il enveloppe une contradiction, et, de plus, il conduit au Panthéisme.

En effet, *réaliser l'Universel*, c'est dire qu'il devient *individuel*. Or cette contradiction dans les termes et dans les choses, n'est-ce pas précisément la Thèse du Panthéisme, — l'Universel réalisé ?

Dans ce conflit des théories, où trouverons-nous la vérité ?

Au XIIIe siècle St Thomas nous la montre, avec sa précision ordinaire, en quelques mots que nous pouvons résumer ainsi : l'Universel *est dans l'esprit* avec *fondement dans les choses*, « in intellectu cum fundamento in re ».

Pour bien comprendre cette formule il faut distinguer dans l'idée générale *l'extension* et la *compréhension*.

L'extension d'une idée, c'est l'application de cette idée aux individus qu'elle représente ; quand elle s'applique *à tous*, les scolastiques l'appellent *Universel* : ainsi *l'idée d'homme*, si je pense à tous les hommes.

La *compréhension* d'une idée, c'est *l'ensemble des attributs* qu'elle représente : l'idée d'homme est la représentation de deux attributs essentiels, *animal* et *raisonnable* ; animal raisonnable est donc la *compréhension* de cette idée.

Sous le rapport de *l'extension*, l'universel est seulement dans l'esprit. En effet, à moins de soutenir l'étrange théorie des Réalistes, qui *individualisent* l'Universel, une qualité et un attribut ne peuvent réellement appartenir à plusieurs, sinon au point de vue de l'esprit qui *étend* à tous ce qu'il voit dans chacun.

N'est-ce point alors le pur Conceptualisme ?

Non, car il faut ajouter « cum fundamento in re » : sous le rapport de sa compréhension, l'idée générale exprime quelque chose de réel, à savoir un ensemble d'attributs constituant une nature précise, par exemple, la nature humaine.

Mais, dira-t-on, cette nature est toujours *individuelle*, et vous revenez au Nominalisme.

Nous répondons : cette nature réalisée dans l'individu est pourtant un ensemble d'attributs qui ne sont pas l'individu lui-même, puisque je les *dis* de tous comme de chacun, et que dans chacun ils sont autres que l'individu. L'humanité dans Socrate, est-ce l'individu Socrate ? Non, mais Socrate participe à l'*humanité*, laquelle n'est pas tellement spéciale à Socrate qu'elle ne puisse appartenir aussi à Platon et à tout autre,

Mais alors nous tombons dans le *réalisme* de Guillaume de Champeaux ?

Nullement : si *l'humanité* n'a de réalité que dans sa compréhension, elle n'est pourtant point tellement spéciale à l'individu Socrate, qu'elle ne se retrouve toujours, au point de vue de la compréhension, identiquement la même dans l'individu Platon, et, par conséquent, nous avons raison de dire que l'Universel est dans l'esprit avec fondement dans les choses.

Les sciences ont donc un objet fixe, permanent, immuable, à savoir, la *notion* représentée par le genre et l'espèce quand il s'agit des sciences de la nature, et dans les sciences physiques, la *loi*.

Influence des idées générales au point de vue du langage et au point de vue logique.

Point d'idées générales, point de sciences ; nous ajoutons : point d'idées générales, point de langage.

En effet, si toutes les idées étaient individuelles nous n'aurions que des noms propres ; or, avec des noms propres on ne fait rien : impossible de les affirmer les uns des autres, sinon dans le cas de pure identité. Le langage se réduirait donc à une vaine tautologie.

Enfin, sans idées générales, point d'idées claires et distinctes,

Si nous voulons obtenir l'idée claire et distincte d'une chose, il faut que nous séparions cette chose de ce qui n'est pas elle, tout en montrant le rapport qu'elle a avec ce qui se rapproche d'elle.

Ainsi, je veux avoir une idée claire et distincte de ce qui constitue l'homme en tant qu'homme, de manière que, dans mon esprit, l'idée d'homme se détache des autres idées tout en s'y rattachant par certains côtés, ce qui me fera voir ce qu'est l'homme dans l'ensemble des choses.

Pour obtenir ce résultat, je fais rentrer l'idée d'homme dans une idée plus générale qui la contient, je dis : l'homme est un *animal*.

Ensuite, voulant déterminer *l'humanité* dans *l'animalité*, je restreins l'idée générale d'animal à l'aide d'une idée moins générale, *raisonnable*.

J'ai vraiment alors de la nature humaine une idée très claire et très distincte; l'homme se trouve à sa vraie place ; ayant en commun avec la brute *l'animalité*, il s'en sépare infiniment par la *raison*.

Donc, réellement, les idées générales sont la condition de toute définition logique et de toute clarté dans l'esprit.

Examen critique de la théorie précédente sur la formation des idées générales.

La formation de l'idée générale dans l'esprit est souvent appelée une *conception*, et l'idée elle-même, un *concept*.

Concevoir, c'est donc se représenter les choses *mentalement*, c'est-à-dire, rassembler dans une notion les attributs essentiels qui les constituent.

Mais cette conception laborieuse dont nous venons de parler, doit-elle être admise d'une manière absolue, ou la restreindrons-nous à la formation des idées générales qui sont l'objet de la science?

Il est évident que les idées générales, qu'on nomme *genres* et *espèces* dans les sciences de la nature, sont le résultat de l'abstraction et de la comparaison : ainsi, ayant pris à part le système nerveux d'un groupe d'animaux, très différents d'ailleurs, le savant arrive à la notion de *vertébrés*, qui convient aux individus et au genre.

Mais dans les choses qui tombent immédiatement sous les sens, l'opération est-elle si compliquée, est-ce par une suite d'abstractions et de comparaisons que j'arrive à l'idée générale d'arbre, de maison, de triangle, etc ?

L'école d'Aristote reconnait à bon droit, en

dehors de l'opération réfléchie et savante exposée plus haut, une abstraction naturelle, spontanée, immédiate, qui résulte de l'action directe de l'esprit sur les données sensibles présentées à l'imagination.

En même temps que nous percevons ou que nous imaginons cet arbre, cette maison, ce triangle, nous concevons l'idée d'arbre, de maison et de triangle. Le langage même confirme cette vérité ; nous disons voici *un* triangle, *une* maison, *un* arbre. Les sens nous donnent l'*individuel*, l'intellect conçoit l'*universel*, puis, par un acte spontané de réflexion sur la donnée sensible, il prononce que l'*universel* conçu se trouve réalisé dans l'individu que *voici*.

Concevoir et imaginer.

Concevoir et *imaginer* sont en réalité deux actes bien différents.

On n'imagine que l'individuel : le triangle que je vois dans mon imagination est *tel* triangle, et non pas le triangle en général, tandis que mon esprit, négligeant l'individualité du triangle que j'imagine, opère sur le triangle tel qu'il le conçoit.

Pour montrer la différence profonde qui sépare l'acte de concevoir de l'acte d'imaginer, Port-Royal apporte un exemple frappant : Je ne puis imaginer une figure de deux mille côtés, mais je la conçois fort bien, puisque j'en détermine les propriétés : elle a autant de fois deux angles droits qu'il y a de côtés moins deux.

Division des idées.

L'idée est concrète ou abstraite. Concrète, elle représente la substance avec ses modes : l'idée de chose colorée ; abstraite, elle représente les modes à la manière d'une substance : l'idée de couleur.

L'idée est contingente ou nécessaire. — Contingente, elle représente ce qui pourrait ne pas être : l'idée du monde. Nécessaire, elle a pour objet ce qui ne peut n'être pas : telles sont les idées de vrai, de beau, de bien, enfin toutes les idées que nous avons ailleurs appelées *universelles*, dans le vrai sens du mot.

Extension et compréhension des idées.

Ce qu'il est surtout important de remarquer dans l'idée, — et ici, nous excluons les *idées nécessaires* qui n'ont rien de commun avec la généralisation, — c'est l'extension et la compréhension.

L'extension d'une idée, avons-nous dit ailleurs, est l'application de cette idée aux individus qu'elle représente :

Si nous l'appliquons à *tous*, elle est dite proprement *générale*, ou universelle : tout homme.

Si nous l'appliquons à un nombre *indéterminé* des individus qu'elle représente, elle est dite *particulière :* quelque homme.

Si nous l'appliquons à un *individu*, ou à un nombre *déterminé* d'individus, elle est dite *singulière* : Socrate, *cet* homme, *ces* dix mille soldats.

La compréhension d'une idée est la somme ou l'ensemble des attributs ou des propriétés qu'elle représente : animal raisonnable, telle est la compréhension de l'idée d'homme.

On voit facilement que la *compréhension* d'une idée en détermine *l'extension* ; d'où cette loi : l'extension est en raison inverse de la compréhension ; ce qui veut dire que plus les individus ont de qualités ou d'attributs, moins ils sont nombreux.

Si à l'idée de vertébré j'*unis* l'idée de mammifère, évidemment la compréhension augmente, mais au détriment de l'extension : il y a moins de mammifères que de vertébrés.

Voilà comment se forment, dans les sciences naturelles, les groupes qui représentent l'échelle de la classification.

5° Le jugement. L'acte de juger est la plus haute des fonctions intellectuelles, car c'est dans le jugement que se trouve la vérité et la fausseté ; aussi Descartes, qui appelle *bon sens* ce pouvoir de discerner le vrai et le faux, prétend-il qu'il est le même dans tous les hommes, et que nous ne différons guère que par le plus ou moins de précautions apportées dans l'emploi des facultés auxiliaires qui préparent l'acte de discernement.

L'idée par elle-même n'est, à proprement parler, ni vraie ni fausse; elle peut contenir une *matière* d'erreur, par exemple, lorsqu'on se représente l'âme sous une forme corporelle, mais pourtant elle ne devient *formellement* fausse qu'au moment où l'esprit prononce la conformité ou la non-conformité de la représentation avec la chose représentée.

Or, prononcer cette conformité ou non-conformité, c'est faire un jugement.

Juger, c'est donc affirmer la convenance ou la non-convenance de deux idées après comparaison.

Ainsi nous comparons l'idée de corps avec l'idée de pesanteur, et nous affirmons que la seconde convient à la première, et que la première rentre dans l'extension de la seconde : tout corps est pesant.

Il en est de même lorsque le jugement est négatif : nul homard n'est vertébré. — J'affirme que la première idée est complètement exclue de l'extension de la seconde, et que la compréhension de la seconde ne peut s'appliquer à la première.

Il semble donc que tout jugement soit nécessairement *comparatif*, c'est-à-dire le résultat d'une comparaison.

Thomas Reid et après lui Victor Cousin ont défendu, avec énergie et même avec éloquence, l'opinion contraire.

Théorie des jugements primitifs.

D'après Victor Cousin, qui suit en cela le chef de l'école Écossaise, les jugements comparatifs seraient de tous les moins nombreux, et ils demanderaient eux-mêmes, pour être possibles, des jugements spontanés, intuitifs, en quelque sorte, et antérieurs à toute comparaison, que l'on pourrait justement nommer primitifs.

Ainsi, à la vue de la neige, avant toute comparaison avec l'idée de blancheur, j'embrasse dans mon affirmation le fait concret qui se présente à moi, je dis : la neige est blanche. Ainsi encore, et surtout, j'affirme ma propre existence avant toute comparaison. Est-ce que, pour dire « je suis », j'ai besoin de comparer le moi actuel avec l'idée abstraite d'existence ? Non, mais j'affirme mon existence concrète immédiatement dans ce simple fait de conscience : je suis.

Au point de vue logique, il est vrai, je puis décomposer cette affirmation, cette synthèse immédiate et primitive, et trouver quelque chose qui corresponde à un sujet et à un attribut ; mais l'ordre logique n'est pas l'ordre psychologique ; et si, au point de vue de la liaison des idées, ces jugements peuvent se ramener à une comparaison, il n'en va pas de même si l'on considère la manière dont l'opération se fait dans l'esprit.

Sans doute, quand mon esprit s'est enrichi d'idées générales, je les tire en quelque sorte du trésor de ma mémoire pour les mettre en rapport les unes avec les autres, ou pour en faire l'application aux objets que je rencontre : ainsi, possédant la notion générale de ruminant, je fais rentrer dans cette classe le bœuf que je vois paître dans la prairie ; voilà un jugement *comparatif*.

Mais, on le voit, pour établir des comparaisons et faire des jugements *comparatifs*, il faut déjà posséder des idées générales.

Or la formation des idées générales est le résultat d'un certain nombre d'expériences et d'opérations intellectuelles qui toutes supposent des affirmations de l'esprit, c'est-à-dire des jugements ; par conséquent, ce n'est point par des jugements *comparatifs* que l'esprit débute, mais par des jugements spontanés, qu'on peut légitimement appeler *primitifs*.

Critique de la théorie. Malgré le côté spécieux de cette théorie, malgré l'autorité de Reid et de Cousin, nous soutenons que tout jugement est le résultat d'une comparaison.

Ce que Victor Cousin appelle jugement *primitif*, ou n'est pas un jugement, ou, si c'est un jugement, ce jugement est comparatif.

Nous croyons que les Écossais confondent le jugement avec ce que les Scolastiques appelaient la *simple appréhension* : saisir simplement, c'est-à-dire en dehors de toute affirmation ou négation, ce n'est point *juger*. Sans doute il est difficile de séparer la perception de la neige de l'affirmation de sa blancheur, plus difficile encore de séparer la perception de soi-même de l'affirmation de l'existence propre, — cependant ces deux choses sont fort différentes. Aussitôt que l'esprit va plus loin que la simple appréhension, il juge, et le jugement est comparatif : en effet, ayant séparé sous formes de notions différentes la neige et la blancheur, le moi et l'existence, il prononce que l'une convient à l'autre dans le fait concret donné par les sens ou par la conscience.

L'illusion de Reid et de Cousin vient certainement d'une vue imparfaite des conditions premières de l'acte de juger. Ces philosophes supposent, bien à tort, que l'esprit opère sur les *choses* ; l'esprit, c'est-à-dire l'intelligence, ne peut opérer que sur des *idées* ; et par conséquent, pour juger, l'esprit exige que le fait concret se décompose en notions.

Donc, même dans le fait de l'existence propre, il faut pour qu'il y ait matière à un jugement, que deux idées se mettent en présence. Donc, tout jugement est comparatif.

Qui ne voit d'ailleurs l'inconvénient qu'il y aurait à regarder comme *spontané*, *instinctif* en quelque sorte, l'acte le plus élevé de l'esprit, l'acte de juger, même lorsqu'il s'agit des jugements *d'existence*, puisqu'alors nous affirmons la réalité de ces données premières sans lesquelles toute science ultérieure est impossible ?

Mais, si tout jugement est comparatif, comment expliquer le jugement comparatif lui-même ? Pour faire un jugement comparatif, il faut au moins une idée générale, si le jugement n'exprime pas une pure identité, et la formation de l'idée générale exige plusieurs opérations intellectuelles, abstraction, comparaison, généralisation, qui toutes impliquent plus ou moins l'emploi du jugement.

La solution de cette contradiction apparente se trouve dans l'explication donnée plus haut de l'acte de concevoir. S'il y a des idées générales, ou concepts, fruits d'une élaboration savante, il y a aussi, et d'abord, une foule de concepts immédiats qui nous représentent confusément les choses à première vue ; si, pour faire rentrer tel animal ou tel végétal dans son genre et son espèce, je dois recourir à une élaboration minutieuse qui me donne la notion précise de ce végétal et de cet animal, il n'en est pas de même pour la notion très générale et confuse d'animal et de végétal, que je dégage à première vue de la donnée sensible.

Division du jugement.

1° Le jugement est intuitif ou discursif.

Il est intuitif ou immédiat, lorsque de prime abord on saisit la convenance ou la non-convenance des idées : la neige est blanche, le tout est plus grand que la partie, j'existe, le cercle est rond, le soleil brille.

Il est discursif ou médiat, lorsque la vue de convenance ou de non-convenance des idées est le résultat d'un raisonnement : les trois angles d'un triangle sont égaux à deux angles droits.

2° Le jugement est en matière nécessaire ou en matière contingente, selon qu'il exprime une vérité nécessaire, — tout ce qui arrive a une cause, ou une vérité contingente, — le soleil est plus grand que la terre.

Tout jugement en matière nécessaire est *à priori*. Prononcer *à priori*, c'est prononcer avant expérience : avant d'avoir vu aucune circonférence, il suffirait de connaître le sens des mots pour prononcer que tout cercle est rond.

Tout jugement en matière contingente est *à*

posteriori : si je n'avais jamais vu la neige, je ne saurais pas qu'elle est blanche.

Aux jugements nécessaires et *à priori* se rapportent les jugements analytiques.

Un jugement est *analytique* quand il suffit d'*analyser* le sujet pour voir que l'attribut y est contenu : le tout est plus grand que sa partie.

Aux jugements contingents et *à posteriori* se rapportent les jugements synthétiques.

Un jugement est *synthétique* quand l'attribut, n'étant point contenu dans le sujet, y est *ajouté* après expérience : les corps sont pesants.

Il semble donc que tout jugement synthétique, à moins de contradiction dans les choses et dans les mots, soit nécessairement *à posteriori*, puisque la synthèse implique l'addition d'éléments divers, et que des éléments divers ne peuvent entrer dans un concept qu'après examen de l'esprit.

Donc, ou bien l'attribut est *enveloppé* dans le sujet, et en l'affirmant du sujet je le développe, et le jugement est analytique et à priori ; ou bien l'attribut est *ajouté* au sujet, et pour l'ajouter au sujet il faut que l'expérience m'ait appris qu'il lui convient, et le jugement est synthétique et *à posteriori*.

Théorie du jugement syntéthique à priori.

Cependant, d'après Kant, il y aurait des jugements synthétiques à priori, c'est-à-dire des cas où l'attribut s'*ajoute* au sujet nécessairement et avant toute expérience ; même ces sortes de jugements feraient le tissu des sciences mathématiques, et constitueraient, dans tout ordre de connaissance, ce qu'il appelle la *science pure*.

Kant apporte des exemples à l'appui de sa théorie.

Soit la proposition $7 + 5 = 12$. Cette proposition serait l'expression d'un jugement synthétique à priori ; le concept de 7 et le concept de 5 ne contenant point le concept de 12, le concept de 12 n'en peut sortir par voie d'analyse.

De même la proposition suivante : le plus court chemin d'un point à un autre est la ligne droite. Le concept de chemin le plus *court* appartient à la catégorie de la *quantité*, il ne peut donc aucunement se résoudre dans le concept de ligne *droite*, qui rentre dans la catégorie de la *qualité*, et par conséquent ce dernier concept ne peut sortir analytiquement du premier.

Soit enfin le principe de causalité : tout ce qui arrive a une cause. Je puis analyser le concept de *tout ce qui arrive*, le tourner et le retourner, jamais je n'y trouverai le concept de cause.

Et même, toujours d'après Kant, il n'y aurait de vraiment fécond dans la science que le jugement synthétique à priori. Le jugement analytique, — par exemple, le tout est plus grand que sa partie, — enveloppant une espèce de tautologie, roule sur lui-même sans jamais avancer. Seul, le jugement synthétique à priori est réellement progressif, puisque l'attribut ajoute au sujet un élément nouveau.

Ce jugement, du reste, est, en quelque sorte, la pierre fondamentale de tout l'édifice Kantien : si mon esprit ajoute *à priori* et nécessairement un attribut à un sujet, c'est qu'évidemment j'impose à ce que je pense les conditions et les lois de ma pensée.

Critique du jugement synthétique à priori.

Emporté par l'esprit de système, Kant se fait illusion.

Le concept de 7 + 5 n'est pas identique au concept de 12 ; entendons-nous : le concept de 7 + le concept de 5 n'est pas le concept de 12, mais, comme la pensée unit immédiatement 7 à 5, il arrive que le concept de 7 + 5 est en fait le concept de 12.

Le concept du plus court chemin n'est pas le concept de la ligne droite ; mais l'esprit conçoit immédiatement la ligne droite comme la condition essentielle du chemin le plus court.

Le concept de ce qui arrive ne contient point formellement le concept de cause ; mais entre ces deux idées il y a une corrélation essentielle : ce qui arrive est ce qui commence d'être, ce qui commence d'être est un *effet*, or qui dit effet dit cause.

Donc le principe des causes est vraiment analytique, et la théorie Kantienne des jugements synthétiques *à priori* est une chimère.

Rôle de la volonté dans le jugement; erreur de Descartes

D'après Descartes, la volonté domine l'intelligence, elle lui est supérieure, elle en est indépendante ; aussi Dieu pourrait-il agrandir l'intelligence de l'homme sans être obligé d'agrandir la puissance de vouloir, qui est, en quelque sorte, infinie.

1° au sujet des essences métaphysiques.

La volonté divine elle-même doit être conçue comme antérieure logiquement à l'intelligence divine, de sorte que la vérité métaphysique des choses dépend, non pas de la raison de Dieu, mais de sa volonté. Si donc Dieu l'avait voulu, les trois angles d'un triangle ne seraient pas égaux à deux droits, et deux choses pourraient être et n'être pas en même temps. De même pour les vérités morales, ce qui est bien pourrait être mal et réciproquement, si telle avait été la volonté de Dieu. En un mot, les essences métaphysiques et les relations des choses, au lieu d'avoir un fondement de nécessité absolue dans la raison divine, seraient, d'après Descartes, qui suit sans le dire, peut-être sans le savoir, une théorie enseignée par Duns Scott au XIIIe siècle, le résultat arbitraire d'une volonté.

Duns Scott et Descartes sont dans l'erreur. En Dieu comme en nous l'intelligence vient logiquement avant la volonté : « nihil volitum nisi præcognitum. » La volonté libre se détermine à la lumière de l'esprit. Volonté sans intelligence implique contradiction ; il faudrait dire *instinct, spontanéité, fatalité* : la volonté de Dieu que ne précède point l'intelligence, c'est l'*Inconscient* d'Harttmann et de Schopenhauer.

Les essences métaphysiques, qui constituent la vérité absolue des choses, dépendent *fondamentalement* de l'essence de Dieu, et *formellement* de son intelligence : de toute éternité, Dieu voit dans son intelligence comment son être absolu, raison première de toute réalité, donne lieu à des possibilités d'imitations créées, multipliables à l'infini ; ces types éternels selon lesquels Dieu conçoit les créatures possibles, voilà précisément ce que Platon appelle les *Idées*.

Dans cette perception éternelle des Idées, il est évident que la volonté divine ne joue aucun rôle ; son rôle consiste à vouloir, de toute éternité, que parmi ces types idéaux, les uns restent toujours à l'état de pure possibilité, et que les autres soient réalisés en des êtres qu'elle se propose de faire apparaître dans le temps.

2° au sujet du jugement. Descartes est donc fidèle à la théorie de la priorité de la volonté sur l'intelligence, lorsqu'il déclare que le jugement est un acte de volonté. D'après lui, juger, c'est se décider après hésitation et balance ; or, se décider, prendre parti, appartient à la volonté ; c'est donc la volonté qui juge.

Il est clair que Descartes se fait une fausse

idée du jugement ; seules, les conséquences de sa doctrine en seraient la condamnation : si le jugement est un acte essentiellement volontaire, il est libre essentiellement, d'où il suivrait que l'erreur, qui est un faux jugement, étant toujours volontaire, serait toujours coupable.

Mais il n'est pas vrai que *juger* soit la même chose que prendre une décision. Juger, c'est prononcer la convenance ou la non convenance de deux idées après examen. Si l'examen est comparable à une indécision, il en est du jugement comme de la sentence du juge, qui reste indécise jusqu'à ce que la lumière soit faite : l'indécision ne vient pas de la volonté, mais de l'intelligence qui attend pour voir, et qui prononce quand elle a vu.

Le jugement est donc, en soi et formellement, un acte d'intelligence.

Est-ce à dire que la volonté ne joue aucun rôle dans l'acte de juger ?

Lorsqu'il s'agit de porter un jugement sur des matières d'évidence immédiate, comme « il fait jour, le triangle a trois côtés, le devoir oblige, » le rôle de la volonté est nul. Que je le veuille ou non, ces vérités se prononcent d'elles-mêmes au fond de mon esprit.

Dans les vérités d'évidence médiate, la volonté joue un rôle indirect : elle applique l'esprit au travail discursif de la déduction.

Mais le rôle de la volonté, bien que toujours indirect, est surtout considérable dans la formation des jugements de l'ordre métaphysique et moral.

D'abord, comme ces notions, par leur nature, échappent entièrement aux sens, elles demandent une concentration plus intense de toutes nos puissances intellectuelles, et spécialement une attention plus soutenue; et l'attention, qu'est-elle, sinon la volonté appliquant l'esprit?

D'un autre côté, les vérités de l'ordre métaphysique et moral s'adressent par l'esprit à la volonté surtout, de manière qu'elles subissent plus ou moins l'antagonisme des passions; en effet, ces hautes vérités ne sont jamais tellement de spéculation pure, qu'elles ne se présentent sous une forme pratique, de sorte qu'il importe à la conduite générale de la vie de les admettre ou de les rejeter. On conçoit que la volonté, sous l'influence des passions, dont les intérêts ne sont pas les intérêts de la raison, dispose des facultés intellectuelles avec un défaut d'impartialité qui séduit l'esprit et le mène à l'erreur. N'est-ce point Pascal qui a dit que, si une obligation morale résultait pour nous de la vérité d'un théorème de géométrie, il se trouverait des hommes qui nieraient le théorème pour échapper à l'obligation?

Il suit de là que l'erreur, dans l'ordre des vérités morales et métaphysiques, bien que n'étant pas nécessairement imputable en conscience, puisque le jugement est un acte d'intelligence et non de volonté, peut être cependant, et se trouve même souvent plus ou moins coupable, soit parce que, avec une attention plus sérieuse, on l'aurait évitée, soit surtout parce qu'on refuse obstinément de se mettre dans un état d'impartialité morale qui permette à l'esprit de porter un jugement sûr.

6° Le raisonnement. Juger, avons-nous dit, est la fonction la plus haute de l'esprit. L'abstraction, la comparaison et la généralisation ne servent qu'à préparer l'acte de juger.

Ajoutons que le raisonnement lui-même, si compliqué soit-il, n'est qu'un préambule du jugement : c'est pour *juger* qu'on *raisonne*.

En effet, lorsqu'on ne voit pas immédiatement la convenance ou la non convenance de deux idées, on a recours à une troisième idée qui sert de terme de comparaison entre les deux premières : le résultat est un jugement, mais l'opération est un *raisonnement*.

Raisonner, c'est donc passer d'une idée à une autre idée sur la foi d'une troisième idée prise comme terme de comparaison.

Toutefois, cette définition ne convenant qu'au raisonnement *déductif*, il serait peut-être plus exact de dire que *raisonner*, c'est aller du connu à l'inconnu, *discurrere*, d'où le nom de *discursive* donné à la raison en tant qu'elle procède ainsi.

Induction et déduction.

Dans sa marche du connu à l'inconnu, l'esprit suit deux voies diamétralement opposées : tantôt il monte, tantôt il descend.

Il monte du particulier au général, — c'est l'Induction.

Il descend du général au particulier, — c'est la Déduction.

Le résultat du procédé inductif est un principe général, une loi, un genre ou une espèce.

Le résultat du procédé déductif est une vérité moins générale, l'application d'un principe ou d'une loi.

L'induction et la déduction sont-elles des procédés entièrement différents et opposés, ou doit-on les ramener l'une à l'autre et les confondre en un seul procédé ?

Puisque l'Induction suit une marche ascendante, qu'elle monte d'une idée particulière à une idée générale, de quelques faits à la loi qui les régit, de quelques individus à l'espèce et au genre, que la Déduction, au contraire, suit une marche descendante, qu'elle va de l'idée générale à l'idée particulière, du principe à ses conséquences, de la loi à ses applications, du genre à l'espèce, de l'espèce aux individus, il est impossible de confondre ces deux procédés et de les ramener à un seul.

Sans doute, on peut dire que ces deux formes de raisonnement qui, toutes deux réunies, constituent le mouvement discursif de la pensée, sont tellement liées que l'une demande toujours plus ou moins le concours de l'autre. L'induction aboutit à des genres et à des lois ; ces genres et ces lois seront le point de départ de la déduction, lorsqu'elle voudra montrer le genre réalisé dans les individus, ou la loi réalisée dans les faits

Les deux procédés n'en sont pas moins essentiellement différents et même opposés. Les ramener l'un à l'autre, c'est trop facilement céder à l'illusion de la forme.

On peut en effet donner à l'induction la forme syllogistique, qui est la forme naturelle de la déduction.

Ex. : Un phénomène qui se présente toujours de la même manière dans les mêmes circonstances indique une loi de la nature ;

Or j'ai constaté que l'eau entre toujours en ébullition à 100 degrés ;

Donc c'est une loi de la nature que l'eau entre en ébullition à 100 degrés.

Dirai-je : voilà un syllogisme? Syllogisme peut-être ; mais il n'y a réellement pas déduction. Il semble que je conclus du général au particulier; pas du tout, je vais du particulier au général.

L'exposition syllogistique ne change rien au raisonnement lui-même : ayant vu l'eau entrer en ébullition à cent degrés une fois, deux fois, trois fois, dix fois... j'en *infère* une loi de la nature ; de quelques faits je m'élève à la loi qui les régit, c'est une *induction*.

Faisons l'essai contraire ; essayons, avec Stuart Mill, de réduire la déduction à l'induction.

Soit le syllogisme suivant :

Tout homme est mortel ;

Or le duc de Wellington est homme.

Donc le duc de Wellington est mortel.

Stuart Mill prétend que ce syllogisme est tout entier dans la majeure, et que la majeure est une *inférence*, c'est-à-dire le résultat d'une induction, d'où il conclut que la déduction se ramène à l'induction.

Voici le raisonnement de Stuart Mill. Quand vous avez donné la majeure, tout est dit, inutile d'aller plus loin ; en effet, si vous savez que tout homme est mortel, vous savez par là même que le duc de Wellington est mortel. Mais ce jugement, « tout homme est mortel, » est une inférence : vous avez constaté que jusqu'à présent nul homme n'a échappé à la mort, vous en inférez qu'il en sera de même par la suite ; donc vous faites une induction, et votre jugement inductif, « tout homme est mortel, » contient déjà votre conséquent, « le duc de Wellington est mortel. » Donc le syllogisme se réduit à l'*inférence* exprimée dans la majeure.

Nous répondons à Stuart Mill que la conclusion énonce une vérité que la majeure toute seule ne contenait pas ; car ce n'est pas comme duc de Wellington que ce personnage est mortel, mais en tant qu'homme. C'est donc à l'aide de la *mineure*, qui fait rentrer le duc de Wellington dans l'espèce humaine, que je lui attribue la mortalité, et par conséquent tout n'est pas dit quand la majeure est énoncée. Donc le syllogisme n'est point une induction : par *induction* je vois que tout homme est mortel, et par *déduction* j'applique l'attribut mortel à un individu, non pas en tant qu'il s'appelle Pierre ou Paul, mais en tant qu'il participe à la nature humaine.

Mais ce qui montre d'une manière plus évidente et plus radicale la différence essentielle qui existe entre l'induction et la déduction, c'est la différence des principes de raison qui sont en jeu dans l'un et l'autre procédé.

Le principe d'*identité* est l'âme même de la déduction : par ce procédé, on veut établir l'*identité* ou la *non identité* de deux notions à l'aide d'une troisième ; ainsi, dans l'exemple précédent, nous voulons établir l'*identité* du duc de Wellington et de mortel, en tant que ces deux notions sont elles-mêmes *identiques* à une troisième notion, la notion d'homme.

En est-il de même dans l'induction ? Tout homme est mortel, voilà, avons-nous dit, le résultat d'une induction. Comment appliquer le principe d'identité pour former ce jugement ? Un homme est mort, puis un second, puis un troisième, comment savons-nous que tous les autres subiront le même sort? Dirons-nous avec Stuart Mill qu'il n'y a, dans cette inférence, qu'une généralisation empirique, c'est-à-dire qu'il en sera ainsi des autres, jusqu'à expérience du contraire? Non, ce ne sera point sur le nombre des cas constatés que nous règlerons notre inférence, mais sur un ordre constant des choses, sur une loi de la nature, et par conséquent sur un principe spécial, qui est, comme nous le verrons plus tard, le principe de causalité lui-même *étendu à la manière* dont l'effet procède de la cause : les choses naturelles sont régies par des lois, c'est-à-dire, les agents naturels produisent toujours le même effet dans les mêmes circonstances.

Donc l'induction et la déduction, ayant une marche tout opposée, et s'appuyant sur des principes différents, sont deux procédés différents, opposés, irréductibles.

XII

La raison pure : les idées nécessaires et les principes premiers.

On appelle raison *pure* la faculté supérieure de l'intelligence par laquelle nous concevons le nécessaire, l'universel, l'absolu.

Les *idées* et les *principes* que nous devons à la raison pure se distinguent par conséquent des idées générales et des jugements qui résultent de la comparaison des idées générales, par leur caractère de nécessité, d'universalité, d'absolu.

1° Ils sont nécessaires. On ne peut concevoir que ces idées et ces principes ne se trouvent pas dans l'entendement. Au fond, ils ne sont autre chose que l'entendement lui-même, ou la raison *pure*, c'est-à-dire l'intelligence *dégagée* de toute condition expérimentale.

2° Ils sont universels, c'est-à-dire qu'au lieu de se restreindre, comme les idées générales et les jugements généraux, à des classes d'individus, ils s'appliquent partout et toujours, comme la condition première de toute intelligibilité et de toute vérité.

3° Ils sont absolus : condition de toute science, eux-mêmes sont en dehors et au-dessus de toute condition. Non seulement tout homme les possède comme lois essentielles de son intelligence, mais encore on ne conçoit pas un être intelligent, quel qu'il soit, même un Ange, qui puisse penser autrement que d'après les règles absolues des principes de raison pure.

Ajoutons qu'il sont d'évidence intuitive ; concevoir ces idées et ces principes, c'est les affirmer. Ils sont si clairs et si naturels à la raison, que la plupart des hommes les emploient sans les connaitre explicitement. Il en est de ces idées et de ces principes, suivant l'heureuse comparaison de Leibniz, comme des tendons et des muscles, dont nous nous servons sans y songer, et même sans le savoir.

Nous avons uni à dessein les idées nécessaires et les principes premiers ; car, bien qu'il y ait, entre les idées nécessaires et les principes premiers, la différence qui se trouve toujours entre *une idée* et un *jugement*, on peut cependant à bon droit les confondre, car l'*idée* enveloppe le *principe*.

Idée et principe d'identité.

Dans le fait du *moi* resté *le même* sous la variabilité infinie de ses phénomènes, la raison pure conçoit la relation absolue de l'être avec lui-même, et la relation absolue de ce qui passe avec ce qui demeure.

La *relation absolue* de l'être avec lui-même s'exprime par le concept d'*identité*, qui implique deux termes, et se développe ainsi : ce qui est, est.

Ce qui est, est, — donc l'être et le non être ne peuvent coexister dans le même sujet et sous le même rapport, c'est-à-dire, une chose ne peut à la fois être et n'être pas. Tel est le principe de *contradiction*, ainsi appelé, parce qu'on ne peut violer cette loi absolue de la pensée sans se mettre en contradiction avec soi-même.

Le principe de contradiction, qui n'est que le principe d'identité sous une forme plus explicite, domine l'ordre logique et l'ordre métaphysique : condition de toute liaison dans les idées, il est aussi la condition de toute intelligibilité et possibilité dans les choses. La contradiction dans les choses serait l'impossible, — un cercle carré ; la contradiction dans la pensée serait l'absurde, — je suis, donc je ne suis pas.

Le principe de contradiction a deux corollaires.

1° Le principe du *tiers-exclu* : entre deux propositions contradictoires, *pas de milieu*, une chose est ou n'est pas.

2° Le principe d'*égalité* : deux choses égales à une troisième sont égales entre elles. Si, étant l'une et l'autre égales à une troisième, elles n'étaient pas égales entre elles, la même chose serait et ne serait pas à la fois et sous le même rapport.

Idée et principe de substance.

La *relation absolue* de ce qui passe et de ce qui demeure, dans le même sujet, s'exprime par le concept de *substance*, qui se développe dans le principe suivant : tout mode suppose une substance.

Notons que le principe de substance ne peut s'énoncer par la réciproque, « toute substance suppose des modes, » à moins qu'on n'ajoute au mot substance la qualification *de créée* ; dans la substance *incréée*, type premier et absolu de la substance, tout est substantiel, immuable et nécessaire.

Idée de cause et principe de causalité

Dans la conscience de *l'activité productrice* du moi, la raison pure conçoit le *rapport absolu* de deux termes dont l'un *produit* l'autre, et ce rapport absolu s'exprime par le concept de *cause*, qui se développe dans ce principe : Tout ce qui commence d'être, ou tout ce qui arrive, a une cause.

Mais la cause de ce qui arrive n'est pas seulement l'activité *efficiente* do l'agent producteur, c'est encore et même avant tout la *fin* qu'il se propose, s'il est intelligent, ou qui lui est fixée par la nature, s'il est dénué de raison ; d'où le *principe de finalité* : Tout se fait en vue d'une fin, rien en vain, οὐδὲν μάτην.

Outre la cause *efficiente* et la cause *finale*, les Anciens distinguaient la cause *matérielle*, comme le marbre sous le ciseau du sculpteur, et la cause *formelle*, à savoir, la *forme* que l'artiste veut donner au marbre.

Aujourd'hui, nous regardons généralement la cause matérielle comme une simple *condition sine qua non*, et nous tenons compte seulement de la cause efficiente et de la cause finale, à laquelle se ramène assez naturellement la cause formelle, puisque la forme, l'exemplaire, l'idéal, est ce qui met d'abord l'artiste en mouvement.

Les idées d'espace et de temps.

Depuis Kant surtout, bon nombre de philosophes, sans faire pour cela du *temps* et de l'espace des formes à *priori* do la sensibilité, prétendent que nous concevons nécessairement et à *priori* que « tout corps est dans l'espace », que « tout phénomène est dans le temps ».

L'idée de temps, qui est le concept absolu dans la *durée successive*, parait avoir son type premier dans la succession inhérente à l'apparition des phénomènes conscients.

Les idées de vrai, de beau, de bien.

L'idée du *vrai* est le concept d'une relation absolue entre l'intelligence et son objet : *adæquatio intellectûs et rei.*

Cette relation absolue se réalise en Dieu : la pensée divine est la représentation adéquate de l'essence divine, « νόησις τῆς νοήσεως, » disait

Aristote. Dieu est donc la vérité absolue, type et raison première de toute vérité.

La vérité ainsi entendue est la *vérité métaphysique.*

On appelle *vérité logique* l'accord de la pensée avec elle-même.

L'idée du *beau* parait être le concept d'une relation absolue entre les lois de l'intelligence et de la sensibilité et l'ordre qui est dans les choses.

Dieu, raison dernière de tout ordre et de toute harmonie, est évidemment le type premier et la source de toute beauté.

L'idée du *bien*, au point de vue métaphysique, est le concept d'une absolue perfection en relation avec une volonté également absolue, ou encore l'idée de la perfection infinie trouvant en elle-même, avec l'absolu de la béatitude, une inclination souveraine à se répandre.

C'est en ce sens que Platon a pu dire : Dieu a fait le monde parce qu'il est *bon*. C'est en ce sens que le même philosophe appelle Dieu l'Idée du Bien, ἰδέα τοῦ ἀγαθοῦ.

L'idée de *bien moral* est le concept d'une relation absolue entre la volonté libre et la loi éternelle.

De cette idée de *bien* découle le *principe moral*, qu'on peut exprimer ainsi : *au bien correspond le bonheur ; au mal correspond le malheur.*

De là, l'idée de mérite et de démérite, et l'idée de sanction.

L'idée d'infini.

L'idée d'*infini* n'est point la perception, l'intuition de l'infini lui-même, ainsi qu'on l'enseigne dans l'école de Malebranche, encore moins, certes, un pur concept expérimental formé ou par voie d'addition du fini au fini, ou par voie de soustraction, en retranchant toujours le fini du fini ; cette double opération ne peut aboutir qu'à l'*indéfini*, à l'infini *en puissance*, à l'infini *qui se fait toujours*.

L'idée *d'infini*, que je ne puis *abstraire*, ni de moi, qui suis fini et imparfait, ni du monde extérieur, qui est fini et d'une perfection encore moindre que la mienne, est donc le concept absolu et nécessaire du *sans limite actuel dans l'être et la perfection de l'être*.

Du principe de raison suffisante.

Leibniz a mis en relief, dans son vaste système déterministe, ce qu'il appelle le *principe de raison suffisante*.

La *raison* des choses, c'est leur principe complet, adéquat, comprenant la cause efficiente et la cause finale, allant même au delà, puisque, dans l'ordre logique, la *majeure* est la *raison* et non la cause de la conclusion, et que, dans l'ordre métaphysique, Dieu a sa *raison d'être* et n'a pas de cause.

C'est en vertu de ce *principe de raison* qu'immédiatement nous passons du fini à l'infini, du contingent au nécessaire, du relatif à l'absolu.

Ainsi entendu, le *principe de raison* n'est point une conception nouvelle en philosophie ; aussi, par l'addition du mot « suffisante », se trouve-t-il, dans la pensée de Leibniz, légèrement détourné de ce sens général et incontesté, pour s'appliquer, en vue d'un système préconçu, aux *agents libres*, dont il limite et détruit même la liberté, astreignant la volonté humaine à céder au motif le *plus fort*, et la volonté divine à se déterminer pour le *meilleur*.

Origine des idées nécessaires.

Les idées générales ont leur origine dans l'expérience ; un sens de moins serait une idée de moins : jamais l'aveugle de naissance n'aura l'idée de couleur.

et des principes premiers.

Mais, nous ne saurions trop le redire, il est des idées d'un caractère tout différent, qui portent l'empreinte de la nécessité, de l'universalité, de l'absolu.

D'où viennent-elles, avec le principe absolu qu'elles enveloppent ? Comment apparaissent-elles dans l'esprit humain ? quelle est la condition de leur éveil ?

Solution empiriste

La prétention de l'empirisme, comme son nom l'indique, a toujours été de donner aux notions premières la même origine qu'aux idées générales. Cette doctrine est connue sous le nom de *théorie de la table rase*.

La table rase

Au premier moment, avant toute connaissance acquise, l'esprit est une « tablette » où le *stylet n'a rien écrit*, nous dirions une *page blanche*. Les sens viennent enfin déposer leurs données sur cette *tablette*, écrire leurs renseignements sur cette *page* ; elle n'aura jamais ni plus ni moins que les sens ne lui auront *donné* : « nihil est in intellectu quin prius fuerit in sensu ».

Tel est, dans l'antiquité, l'enseignement de Démocrite, d'Epicure et des Stoïciens ; telle est encore dans les temps modernes, la théorie de Locke, et en particulier celle de Condillac, pour qui toute connaissance se réduit à une *sensation transformée*.

Mais alors comment expliquer la nécessité absolue et l'universalité des *principes* ?

Depuis Locke jusqu'à Herbert Spencer, nous trouvons à ce sujet un essai d'explication, toujours le même pour le fond, et variant toujours quant à la forme.

Locke

Pour Locke, la substance n'est qu'une *collection*

de modes avec le lien idéal et logique qui les unit dans la pensée ; la causalité n'est elle-même qu'un fait *d'expérience.*

Hume

Hume ne peut ne pas voir la nécessité qui se trouve enveloppée dans ces principes; mais il la ramène à une *habitude* d'esprit : l'habitude que nous avons contractée de voir certains phénomènes se succéder, a donné lieu à une généralisation qui devient pour nous le principe de causalité.

Stuart Mill

Stuart Mill s'empare de la théorie de Hume, appelle *association* ce que Hume appelait *habitude*, et déclare qu'un *antécédent* s'étant *associé* dans la pensée avec un *conséquent*, nous disons que le premier est cause et le second effet.

H. Spencer

Pour donner plus de force à l'explication associationniste, Herbert Spencer fait appel à son système de l'Evolution.

L'association des deux termes du rapport de *séquence* n'est plus seulement le fruit d'une expérience personnelle, mais encore et surtout une association ancestrale transmise par voie d'hérédité; c'est dans le cerveau de nos premiers ancêtres que le *conséquent* et l'*antécédent* se sont d'abord associés, et cette association est devenue peu à peu un état cérébral, qui se développe à chaque génération, et que nous recevons ainsi et transmettons nous-mêmes avec accumulation du capital primitif. On conçoit donc la *nécessité* où nous sommes de relier par le principe des causes les deux termes d'un rapport de succession, nécessité toute *subjective*, provenant de la constitution physiologique de nos fibres cérébrales.

Critique de la solution empiriste.

D'abord, à la théorie générale de la *table rase*, ou de la passivité complète de l'esprit, nous opposons l'impuissance évidente de *penser* où nous serions réduits, si nous n'avions pas naturellement les principes mêmes de la *pensée* ; jamais les sens, dont la donnée, quoi qu'en dise Condillac, ne peut expliquer la formation d'une simple idée générale, n'apporteront à l'esprit rien qui ait le caractère de la nécessité, de l'universalité et de l'absolu.

Mais que valent les raisons par lesquelles on veut montrer que les principes premiers n'ont pas en eux-mêmes ce caractère de l'absolu et du nécessaire ?

Nous avons déjà combattu l'associationnisme et ses prétentions exagérées. Nous avons montré que le principe de causalité n'est point un rapport de succession, mais bien un rapport de *production* ; et c'est précisément ce rapport de *production* qui échappe aux sens, et par conséquent à toute explication empiriste. Ce principe, nous l'affirmons nécessairement, comme une liaison absolue que nous concevons objectivement, et *à priori*, dans les choses ; et les efforts de l'empirisme pour faire de cette nécessité *objective*, que nous voyons clairement, qui nous domine et s'impose à nous, une nécessité subjective, toute factice et relative à notre façon d'envisager les choses, sont illusoires, vains et puérils.

L'*habitude* d'esprit dont nous parle Hume, l'*association* à laquelle Stuart Mill a recours, peuvent en effet donner raison d'une certaine nécessité subjective des principes premiers ; mais cette nécessité toute relative, toute personnelle, si elle existe, nous pouvons la combattre, lui résister, nous pourrions la détruire ; il en est des associations comme des habitudes, elles ont commencé, elles peuvent finir.

D'ailleurs, cette habitude ou association ne

présente aucun des caractères du principe de substance ou du principe de causalité : elle n'a rien d'universel, car l'habitude, de sa nature, est quelque chose de *variable* et de *divers* comme les hommes et les tempéraments ; elle n'a rien de nécessaire, nous venons de le montrer, rien d'absolu, puisque sa formation dans notre esprit dépend de certaines conditions préalables.

Enfin, nous roulons dans un cercle : encore une fois, comment *acquérir* les principes de la pensée par l'exercice même de la pensée ?

On nous renvoie à l'héréditarisme.

Mais que l'Association soit ancestrale ou personnelle, c'est toujours une association, et rien de plus ; même, elle a dû nécessairement être individuelle avant de passer dans la race.

Puis, conçoit-on bien ce que peuvent signifier des expériences enregistrées dans les fibres du cerveau ? conçoit-on bien ces expériences se transmettant d'une génération à l'autre avec accroissement de capital ? Impossible à l'esprit de penser ces choses, de se les représenter dans un concept ; seule, l'imagination trouve son jeu dans ces régions de la métaphore.

Enfin, et il faut une dernière fois en revenir là, comment donc les premiers ancêtres ont-ils appris à penser ? Comment donc, pendant les milliers de siècles qui ont dû précéder la formation des principes dans les fibres cérébrales, les hommes ont-ils pu vivre de la vie rationnelle ?

Sans doute, d'après le système, ils se sont élevés de la sphère animale à la sphère intellectuelle. Mais alors, comment s'est opéré ce passage d'une sphère à l'autre, de la passivité à l'activité réfléchie, de la sensation à la pensée ?

Toutes questions insolubles, et dont l'énoncé

même, il faut bien le dire, implique une absurdité.

A cette théorie empiriste se ramène naturellement le Relativisme d'Hamilton.

La théorie *Relativiste* consiste dans la prétention d'établir que l'absolu échappe aux prises de l'intelligence humaine, qu'il ne peut être *pensé*.

Pour Hamilton, *penser*, c'est *conditionner* : penser l'absolu, ce serait le soumettre à la *condition* de la pensée, le faire par conséquent *relatif*.

En effet, la pensée implique toujours la *dualité* de l'objet et du sujet, la relation du sujet à l'objet; donc toute connaissance est par le fait *relative*. Or, l'absolu est le contraire du relatif, donc penser l'absolu implique contradiction, puisque ce serait penser le *non-relatif* en le faisant *relatif*, c'est-à-dire en le soumettant à la *condition* du sujet pensant. Donc, l'absolu, s'il existe, ne peut être objet de pensée.

La théorie d'Hamilton repose sur une notion fausse de l'acte de penser, ou plutôt sur une équivoque.

L'acte de penser, modification de l'esprit, est confondu avec l'objet pensé, comme si penser une chose impliquait un changement dans la nature même de cette chose. Quand je pense l'absolu, assurément ma pensée, subjectivement et en elle-même, n'est point absolue; mais le terme de ma pensée reste ce qu'il est, c'est-à-dire absolu. L'équivoque roule sur les deux sens différents qu'on donne tour-à-tour à la pensée : l'idée que je me fais de l'absolu est relative, l'objet représenté par cette idée ne l'est pas.

Mais, comment savez-vous que vous ne pensez pas l'absolu, si vous n'avez pas l'idée de l'absolu ?

Pour affirmer qu'il est hors des prises de votre intelligence, il faut donc que vous sachiez en quoi il diffère de ce qui peut être pensé. Donc, vous avez l'idée de l'absolu quand vous déclarez que vous ne pouvez le penser.

Vous dites : l'absolu, pour moi, c'est le *non-relatif*. Vain subterfuge. Le *non-relatif*, n'est-ce point une manière détournée de nommer l'absolu ? Pouvez-vous même penser le *relatif* sans penser l'*absolu* ? Le parfait ne vient pas de l'imparfait, l'absolu du relatif ; c'est au contraire le relatif et l'imparfait qui ont leur raison d'être, et par conséquent leur intelligibilité, dans le parfait et l'absolu.

Kant et la solution transcendantale

Kant, par des voies toutes différentes, aboutit pourtant, quoi qu'il fasse, au moins dans sa « Critique de la raison pure, » à des conclusions qui ne sont pas sans analogie avec les conclusions extrêmes de l'empirisme.

Pour lui, comme pour Hamilton, il est impossible de penser l'absolu, et tout le champ de la métaphysique est interdit à l'intelligence humaine. Nous sommes donc invinciblement enchaînés dans le domaine du *Relatif*.

Pour lui, comme pour l'école de l'association, la nécessité des principes est une nécessité purement interne et subjective.

Toute la différence consiste en ce que, pour Stuart Mill et Spencer, cette nécessité subjective se réduit à une habitude personnelle ou héréditaire, tandis que, selon Kant, cette nécessité est inhérente à l'esprit humain, dont elle constitue les lois *à priori*.

Kant distingue dans la connaissance la *matière* et la *forme*.

La matière, ce sont les phénomènes internes

ou externes : les premiers s'organisent dans le *temps*, les seconds dans *l'espace*.

L'espace et le temps sont donc les conditions *à priori*, antérieures à la donnée sensible, et *formes* subjectives de la sensibilité.

La matière, organisée dans les *formes* de l'espace et du temps, exige pour être *intelligible* ou *pensable*, l'application des formes supérieuros de l'entendement, que le philosophe appelle *catégories*.

Les catégories, formes vides par elles-mêmes, s'appliquent aux données expérimentales ou *intuitions*, déjà organisées dans le temps et dans l'espace, et en opèrent la *liaison*, par exemple, selon la relation de causalité.

A la liaison des données expérimentales par les concepts purs ou catégories, comme à leur organisation dans l'espace et le temps, préside, comme condition supérieure de synthèse, l'unité transcendantale de *l'aperception*, qui s'exprime par le mot « je ou moi » ; elle n'est elle-même ni *forme*, ni *catégorie*, mais la condition première de toute liaison et de toute unité dans les concepts.

Ici finit le domaine de l'expérience.

Mais, de même que l'entendement avec ses *catégories* domine la sensibilité avec ses *formes*, de même, quoique séparée par un intervalle infranchissable, au-dessus de l'entendement est la raison pure avec les trois *idées* du moi, du monde et de Dieu, l'idée psychologique, l'idée cosmologique, l'idée théologique. Ces *idées*, comme le mot l'indique, n'ont qu'une *valeur idéale*, elles ne représentent rien objectivement si ce n'est peut-être une certaine direction générale de la pensée.

Nous avons dit qu'entre l'*entendement* et la *raison pure* il y avait un intervalle infranchissable.

En effet, les catégories de l'entendement, qui s'appliquent parfaitement dans le champ de l'expérience, n'ont plus d'usage possible dans le domaine de la raison pure ; et, lorsque, par une illusion à jamais inévitable, elles s'égarent dans ces régions, comme une colombe, qui, volant en plein air, croirait que son vol serait plus libre encore et plus aisé dans les espaces du vide, il en résulte des impossibilités, des contradictions, des *antinomies*, où la raison doit reconnaitre qu'elle est sortie de sa sphère.

Critique de la solution transcendantale.

Ainsi donc, les principes qui expriment la liaison absolue des choses ne seraient applicables que dans le domaine de l'expérience, quand, au contraire, ils dominent l'expérience, le monde du réel et le monde du possible, quand enfin ils n'ont jamais d'application plus évidente, plus nécessaire, que dans le domaine de la métaphysique, alors que je m'élève de l'imparfait au parfait, du fini à l'infini, de la créature au créateur !

Mais, qu'est-ce donc que ce temps et cet espace dans lesquels je ne suis pas, puisque l'espace et le temps font partie de moi, comme formes nécessaires de ma faculté de sentir ?

Qu'est-ce donc que ces catégories, ces « coques de noix », suivant l'expression originale de Schopenhauer, qui, elles-mêmes, *vides* de tout, constituent l'expérience comme objet *pensable* ?

Comment ! d'après la théorie générale de Kant, il ne faudrait pas dire : je pense *nécessairement* les principes parce qu'ils sont en eux-mêmes nécessaires, mais bien, ils sont nécessaires parce que je les pense *nécessairement* !

Mais alors, c'est l'homme qui prend la place de Dieu, puisqu'il donne la vérité aux choses en les pensant. « L'homme est la mesure de toutes choses », disait Protagoras ; cette parole, dernière expression de l'empirisme, d'après lequel le monde n'est qu'une possibilité de sensations, s'adapterait mieux encore à la théorie transcendantale.

En résumé, le système de Kant, résultat d'une immense abstraction, s'éloigne d'autant plus de la réalité, au sujet de l'intelligence humaine, qu'au lieu d'étudier la raison en elle-même et telle qu'elle est, il la construit d'après une idée préconçue ; l'ayant construite, il la démonte et trouve précisément les *pièces* qu'il y avait mises. En cela, mais en cela seulement, on peut dire que le système de Kant, dont les conclusions dernières ne sont pas, du reste, sans analogie avec les conséquences extrêmes de l'empirisme, se rapproche de la théorie de Condillac.

Solution traditionaliste ; la révélation.

Que Dieu ait révélé au premier homme le langage, c'est l'enseignement commun en théologie ; ce qui est propre à M. de Bonald, c'est la manière dont il explique cette révélation, et la conclusion qu'il en tire ; là commence le système *traditionaliste*.

D'après ce système, Dieu, révélant au premier homme le langage, lui révélait par le fait les idées. Le signe n'est rien sans la chose signifiée ; Dieu, donnant le *mot*, ne pouvait le donner *vide* : le mot contenait l'idée. Donc la révélation du langage implique la révélation de toutes les notions premières, métaphysiques et morales.

Quand nous parlerons du langage, nous pèserons la valeur de ce raisonnement. Ici, nous n'avons qu'une chose en vue : les idées premières nous viennent-elles de la révélation ?

Lamennais conçoit un peu autrement l'origine des idées, ou plutôt leur transmission. Pour de Bonald, le véhicule ou le canal des idées est le langage ; pour Lamennais, c'est le *consentement général* ; mais où donc le consentement général prend-il sa source et son origine, sinon dans une révélation primitive ? Autrement, on ne voit pas comment l'accord de tout le monde au sujet d'une notion, serait un signe de vérité, puisque, d'après la théorie de Lamennais, chaque raison prise en particulier est impuissante à saisir le vrai. Est-ce que la raison générale n'est pas formée de toutes les raisons particulières ? est-ce qu'il y a plus de bon sens au milieu d'une société d'aliénés que dans un seul ? donc, si l'accord de tous est infaillible, il faut qu'il soit l'expression d'une révélation première, et le système de Lamennais, à ce point de vue, ne diffère que pour la forme du système de M. de Bonald.

Mais si tout nous vient de Dieu par révélation, même les idées premières, si l'esprit de l'homme n'est qu'une pure capacité *réceptive*, que s'ensuit-il ? nous voilà revenus, par une voie détournée, à la théorie de la *table rase* dans la pire acception du mot.

Comment des penseurs, d'ailleurs éminents, n'ont-ils pas compris, aveuglés par l'esprit de système, que pour entendre la *révélation*, il faut déjà posséder la raison, et qu'un être qui n'a pas *naturellement* les premiers principes, est incapable de recevoir une communication divine?

Solution ontologiste. Nous appelons *ontologiste* toute théorie d'après laquelle on affirmerait la prétention d'expliquer le caractère de nécessité inhérent aux notions premières, par une intuition directe et immédiate de l'absolu lui-même, de sorte que penser l'absolu, ce serait *voir* l'absolu ou quelque chose de l'absolu.

Platon et Malebranche

Telle est, chez Platon, la théorie de la réminiscence, et chez Malebranche, la théorie de la vision en Dieu.

Nous avons développé ailleurs la théorie de la réminiscence Platonicienne.

On sait qu'elle repose sur une vision antérieure des principes intelligibles des choses, et que, par conséquent, le ressouvenir de ces réalités absolues, dans ce monde des images et des apparences, est réellement une certaine intuition immédiate et directe, que du reste Platon lui-même nomme parfois contemplation, « θέα ».

D'après Malebranche, nous ne pouvons penser l'absolu par l'intermédiaire d'une idée ; autrement, l'idée qui représenterait l'*absolu* serait elle-même *absolue,* ce qui implique la coexistence de deux absolus, donc impossibilité et contradiction. Il s'ensuit que penser l'absolu, c'est *voir* Dieu, présent à notre intelligence et illuminant l'esprit humain, Dieu se posant lui-même comme premier objet d'intellection, et rendant tout le reste intelligible.

Quand nous pensons l'absolu, le nécessaire, l'infini, c'est Dieu qui s'offre à notre intelligence comme l'Etre infini, nécessaire, absolu ; c'est lui encore, non plus dans son essence infinie, mais dans les types éternels selon lesquels toutes choses ont été faites, qui se présente à nous comme seul objet intelligible, chaque fois que nous pensons les choses sensibles et créées, à mesure qu'elles tombent sous nos sens : en même temps que mes yeux voient le soleil matériel et sensible, mon intelligence *voit*, dans la lumière de Dieu, le soleil intelligible ou l'*idée* de soleil.

Si Platon,— et telle paraît être l'opinion de ses meilleurs interprètes, — entendait ainsi les *idées*, si réellement il les plaçait en Dieu, comme il semble, puisqu'il les fait découler toutes de l'Idée du Bien, dont les attributs ne peuvent convenir qu'à l'Etre absolu, sa théorie ne diffère de la « vision en Dieu » que par la forme mythique que lui donne la supposition Pythagoricienne d'une vie antérieure.

que de la solution Ontologiste.

Au fond de la théorie Ontologiste, qu'elle vienne de Platon ou de Malebranche, se trouve, croyons-nous, une double méprise.

On se méprend sur la condition de l'intelligence humaine dans l'union de l'âme avec le corps ; et, par voie de conséquence, on se méprend sur l'acte de penser.

Quelle peut-être la relation d'une intelligence *pure*, c'est-à-dire non soumise aux conditions de facultés dépendantes d'un organisme, avec la source même de toute intelligibilité ? peu nous importe, cet état supérieur n'est point le nôtre.

C'est donc bien à tort que l'on confond l'acte de *concevoir* et l'acte de *voir*, la conception et l'intuition.

Penser l'infini, ce n'est pas *voir* l'infini, c'est le *concevoir*, s'en faire une *idée*, idée nécessairement imparfaite, incomplète, inadéquate, mais *suffisante*, puisqu'elle me *suffit* pour que je distingue l'infini de ce qui n'est pas lui, pour que je puisse le nommer « l'absolu de l'être et de la perfection. »

Mais, en outre, l'ontologisme n'implique-t-il

point la prétention de s'élever à l'absolu sans l'intermédiaire de la dialectique naturelle, qui a toujours, chez l'homme, son premier point d'appui dans les données expérimentales ?

Or la prétention de se mettre en rapport direct avec l'absolu, n'est-ce pas ce qu'on appelle en philosophie le *mysticisme* ?

Le mysticisme philosophique est-il bien loin du panthéisme ?

Si l'Etre absolu est le terme nécessaire et immédiat de toute intellection, si rien n'est intelligible qu'en lui et par lui, si toute opération intellectuelle se fait dans la lumière de son esprit, nous pensons l'absolu, *dans* l'absolu, *par* l'absolu ; l'absolu est tout comme objet pensé et sujet pensant ; si le Panthéisme n'est pas là, où est-il ?

V. Cousin : La raison impersonnelle.

Cousin ne cède-t-il point au même courant d'idées, lorsqu'il nous parle d'une *raison impersonnelle,* qui dominerait toutes les raisons particulières, et sur laquelle celles-ci devraient se régler sous peine de tomber dans l'absurde ?

Cette raison universelle qui règle et corrige toutes les raisons particulières, qu'est-elle, sinon la raison divine présente à chacun de nous ? à moins pourtant que le mot *impersonnelle* ne doive être pris à la lettre, et ne signifie, dans la pensée de l'auteur, la *raison générale* s'individualisant dans chacun, et alors la théorie de Cousin serait le Panthéisme pur.

Mais si, adoucissant les termes, nous amenons la raison impersonnelle ou générale à ne plus être autre chose que la nécessité où sont toutes les raisons particulières de penser de la même sorte parce que la vérité, en soi, est toujours la même, la théorie se réduirait à la proposition suivante :

« toute raison humaine pense les idées nécessaires et les principes premiers ». — Mais comment ? C'est toujours la question.

Solution de Descartes et de Leibniz : L'innéité.

Descartes, pour expliquer le caractère de nécessité et d'universalité des idées pures et des principes premiers, enseigne que ces idées et ces principes sont *innés*.

Qu'entend-il précisément par « *idées innées* » ? Prétend-il que nous apportons en naissant les *idées* sous forme d'idées, et qu'elles n'attendent plus que l'occasion d'apparaître à la conscience et de se développer ?

On ne conçoit pas *l'innéité* dans ce sens absolu. Qu'est-ce qu'une idée qui serait en moi sans moi, une idée à la formation de laquelle je serais étranger ? Il faudrait donc revenir à la réminiscence de Platon ou recourir à la théorie de Malebranche, et dire que cette idée, c'est Dieu lui-même présent à mon esprit.

Mais Descartes a pris soin d'expliquer sa pensée. Il entend, parait-il, *l'innéité* de la faculté ; les idées seraient innées à titre de prédisposition, comme l'on dit que la générosité est innée dans une famille.

Malgré ces explications, la théorie Cartésienne de l'innéité reste, avec Descartes, dans un certain vague. Est-ce l'idée qui est innée, est-ce la faculté ? L'innéité de *l'idée* n'a d'explication que chez Platon ou chez Malebranche ; l'innéité *de la faculté* ne fait guère avancer la question : si je pense l'absolu, c'est qu'apparemment j'ai le *pouvoir* de le penser. — Mais comment ? Encore une fois, c'est toujours la question.

Leibniz, dans ses « Nouveaux Essais sur l'entendement humain, » où il s'applique à réfuter les objections de Locke contre l'innéité des idées telle que Descartes l'avait exposée, reprend la théorie Cartésienne et lui donne toute la précision qu'elle comporte. Il voit évidemment le côté faible de la théorie; la simple innéité de la faculté laisse en suspens le côté grave de la question : comment la faculté est-elle déterminée à penser le nécessaire et l'absolu ? Aussi Leibniz ajoute-t-il à la nue faculté une *prédisposition*, une virtualité, et même certaines *préformations* en vertu desquelles l'esprit, à l'occasion des données sensibles, pense immédiatement les premiers principes et les applique. Il compare les *préformations* de l'entendement aux *veines cachées dans le marbre,* qui n'apparaissent que sous le ciseau du sculpteur. Alors, revenant à l'adage antique, « nihil est in intellectu quin priùs fuerit in sensu, » il l'explique et le complète par ce mot devenu célèbre « nisi ipse intellectus. » Il n'y a rien dans l'entendement qui n'ait d'abord été dans le sens, non, rien, *si ce n'est l'entendement lui-même* avec ses virtualités, ses prédispositions, ses préformations naturelles et innées.

Aristote et St Thomas.

Ce n'est pas autrement, il nous semble, qu'Aristote et St Thomas ont résolu la question de l'origine des idées.

Le philosophe de Stagyre admet la « *tabula rasa* » et l'adage « *nihil est, etc,* » mais d'une manière tout autre que ne l'entend l'école empiriste.

Pour les empiristes, l'esprit est *passif*, c'est en quelque sorte, une matière morte, inerte et vide, sur laquelle les sens viennent inscrire leurs données; si Locke veut bien reconnaitre un certain travail de l'esprit par la réflexion, ce travail aboutit simplement à une combinaison stérile des données sensibles, de sorte que nous ne sortons pas du domaine de la sensation.

D'après Aristote, au contraire, l'esprit est tellement supérieur à la donnée sensible, qu'il ne peut la recevoir et la *penser* avant de l'avoir transformée dans la lumière de l'*intellect agent*, où elle perd toute individualité, et, s'il s'agit des rapports des choses, toute contingence, de sorte que la donnée étant devenue intelligible, l'esprit, par sa propre activité se l'écrit en lui-même, il la *pense* : les sens ont donné *matériel, individuel*, l'esprit écrit *intelligible* et *universel*, les sens ont donné *contingent*, l'esprit écrit en lui-même *nécessaire*, *absolu*.

Il n'y a rien dans l'entendement qui n'ait été dans le sens ; mais ce qui était dans le sens n'est plus de même nature dans l'entendement : le sens donnait l'individuel, l'entendement conçoit l'universel ; le sens donnait une succession de phénomènes, l'entendement conçoit le rapport absolu et nécessaire.

N'oublions pas que l'opération laborieuse dont nous avons parlé ailleurs, et par laquelle l'intelligence prépare les éléments de l'idée générale dans la science, n'a qu'une lointaine analogie avec cette abstraction immédiate et naturelle de l'entendement.

Là, où le sens perçoit son objet, l'entendement saisit le sien, *qui est tout autre* : le sens me donne, dans certaines conditions, une succession de deux termes, l'esprit « intelligit, intùs legit, » saisit la *relation en elle-même*, indépendamment des phénomènes où elle se réalise, et il prononce *causalité*.

Est-ce autrement, d'ailleurs, que nous expliquons aujourd'hui l'éveil du principe des causes, à propos de l'activité consciente du moi ?

L'esprit s'élève également aux notions de vrai, de bien, de beau, d'infini, soit par une abstraction immédiate qui supprime le contingent et le relatif, soit par une combinaison de notions et de rapports immédiatement dégagés des données sensibles.

Donc, ce qui est *inné*, c'est cet entendement supérieur avec son aptitude et ses prédispositions naturelles à dégager l'intelligible et à le penser, c'est ce que St Thomas lui-même appelle l'*habitude des principes*, « *habitus principiorum* » ; et par ce mot « *habitus* », il faut entendre avec lui la *prédisposition* naturelle, et non acquise, à penser les principes et à les appliquer.

Cette belle théorie évite à la fois les excès de l'empirisme, les excès de l'ontologisme idéaliste et les excès du transcendantalisme.

L'empirisme ne voit que la donnée sensible diversement combinée ; la théorie Scolastique pose les sens comme point de départ, mais elle aboutit à la notion du supra-sensible, du nécessaire et de l'absolu.

L'ontologisme nous présente comme terme d'intellection l'absolu lui-même ; la théorie scolastique nous montre comment, sans *voir* l'absolu, nous le pensons à la manière humaine, par des concepts inadéquats, mais suffisants.

Le transcendantalisme admet bien une nécessité subjective des idées, mais leur nécessité objective reste pour lui un problème insoluble ; la théorie scolastique nous dit que nous avons le pouvoir de penser l'absolu, le nécessaire, tel que nous le découvrons réalisé dans la liaison objective des choses.

L'empirisme fait descendre l'homme au niveau de l'animalité pure, l'ontologisme le fait monter au rang des natures supérieures qui n'ont point de corps, le transcendantalisme implique une tendance à usurper la place de Dieu qui donne aux choses leur intelligibilité en les pensant ; seule, la théorie d'Aristote, qui est la théorie de St Thomas, et même, croyons-nous, de Descartes, et surtout de Leibniz, maintient l'homme à sa véritable place : « ni si haut, ni si bas ». L'homme, étant le terme moyen où s'unissent la nature purement animale et la nature purement intellectuelle, chez lui, toute connaissance doit *commencer* dans le sens et s'*achever* dans l'entendement : dans le sens, elle participe à la *mobilité* de la sensation ; dans l'entendement, elle prend le caractère de *l'intelligible*, c'est-à-dire du nécessaire et de l'absolu.

Étude complémentaire sur les principes d'induction et de finalité.

1° Le principe d'induction.

Raisonner par induction, c'est, avons-nous dit plus haut, passer du *particulier* au *général*.

Le *particulier* est représenté, dans les sciences naturelles, par les individus ; dans les sciences physiques, par les faits.

Dans les sciences physiques, le *général*, c'est la loi ; dans les sciences naturelles, c'est le genre et l'espèce.

L'induction est-elle un procédé purement empirique?

Le procédé inductif repose donc premièrement sur l'expérience, puisqu'il faut observer les individus pour former le *genre*, les phénomènes pour induire *la loi*.

Bacon, qui nous a suggéré la législation empirique de l'induction dans les sciences physiques, prend simplement à tâche de démêler deux phénomènes qu'il *sépare* de tous les autres ; ces deux phénomènes *isolés*, se présentant et disparaissant à la fois, ou encore, paraissant et disparaissant dans la même proportion, indiquent suffisamment une loi de la nature.

Le but de la science est atteint ; le savant *s'arrête là*.

Mais le philosophe *va plus loin* : il se demande comment, dans un raisonnement de ce genre, l'esprit peut justifier à ses propres yeux la hardiesse de son affirmation.

Si l'on en croit l'école empiriste, le raisonnement inductif ne serait qu'un rapport de *séquence*, fondé sur l'habitude et l'association des idées ; même cette association se trouverait chez l'animal : le chien qui s'est brûlé au foyer, craint ensuite de s'approcher trop près du feu.

Nous opposons à cette théorie toutes les raisons par lesquelles nous avons montré l'impuissance de l'associationnisme dans sa lutte contre la nécessité absolue des principes.

Comment expliquer une habitude *universelle*, une association *indestructible ?*

De plus, nous ne saurions trop le répéter, le raisonnement des empiristes roule dans un cercle dont il ne sortira jamais : le retour constant des phénomènes crée l'association, disent-ils ; mais comment savez-vous la constance et l'uniformité de ce retour des phénomènes, si ce n'est par l'induction elle-même, et en vertu, non pas de l'expérience, qui est toujours très courte et très bornée, mais d'un principe supérieur que l'expérience seule ne peut expliquer ?

En vain l'*héréditarisme* vient-il au secours de la théorie associationniste aux abois.

Que l'association soit d'hier ou qu'elle date de cent mille ans, c'est toujours une association personnelle, fondée sur l'expérience, n'ayant de valeur que par l'expérience, et à condition de ne jamais la dépasser.

Enfin, quel rapport y a-t-il entre la nécessité toute subjective, relative et mécanique, résultat fortuit et instable d'une association d'idées, et cette clarté rationnelle d'absolue évidence qui entoure le raisonnement inductif ?

La nécessité subjective, relative, mécanique, m'obligera, ayant vu l'*antécédent*, de songer au *conséquent*, pour *chaque fois prise à part*, jamais à porter un jugement universel.

Ce jugement universel, fruit de l'induction, déborde l'expérience à l'infini.

Le fait s'est présenté deux fois, cinq fois, dix fois, et je prononce absolument que, dans les mêmes conditions, il s'est présenté toujours ainsi dans le passé, et qu'il se présentera toujours ainsi dans l'avenir. Quelle base étroite, semble-t-il, pour un pareil élan !

Je donne à mon affirmation une valeur universelle, absolue en quelque sorte, il faut que mon point d'appui soit un principe d'une valeur également universelle et absolue.

Où trouverons-nous ce principe ?

Thomas Reid le voit dans cette formule : « La nature est gouvernée par des lois invariables », ce qui, d'après Royer-Collard, se décompose en deux jugements : « L'univers est gouverné par des lois stables ; l'univers est gouverné par des lois générales. »

En réalité, Royer-Collard n'ajoute rien à la

formule de Reid ; qu'est-ce que des lois qui ne seraient pas générales et stables ? Reid lui-même n'avait donc nul besoin de dire « lois invariables » ; le mot « lois » suffit, disons : l'univers est gouverné par des lois.

Mais, n'est-ce pas là un fait plutôt qu'un principe ? Quand la raison parle, au fond de ce qu'elle affirme se trouve toujours une idée très simple, qui est le fondement de son affirmation. Cette idée peut se traduire dans les faits, mais les faits eux-mêmes n'entrent point dans sa compréhension.

Si donc nous affirmons immédiatement que la nature est gouvernée par des lois, c'est que la raison nous dit *a priori* qu'une même cause, dans les mêmes circonstances, produit de même manière le même effet, ou, d'après la formule très nette que nous devons au génie de Newton : « effectuum generalium ejusdem generis eædem sunt causæ. »

Le principe d'induction est donc le principe de causalité *étendu à la manière* dont la cause produit son effet ; on pourrait dire en deux mots : « même cause, même effet. »

Valeur du principe d'induction.

Ce principe est-il absolu ? Assurément. Si, la cause étant la même, l'effet était autre, la cause serait à la fois cause et non cause, ce qui répugne.

N'est-ce point dans le même sens que les Scolastiques ont dit : « *operatio sequitur esse,* » telle nature, telle opération ?

Mais alors les lois de l'univers sont donc absolues comme les lois de la raison ?

Il est de toute nécessité qu'un être, *étant ce qu'il est,* son opération *soit également ce qu'elle est.*

Un agent physique est déterminé par sa nature à une certaine opération ; au fond, il en est de même des agents libres qui peuvent varier à l'infini leurs fins et leurs moyens sans jamais sortir des actes qui leur sont propres ; ainsi les actes de l'homme sont nécessairement des actes *humains.*

Mais s'il est nécessaire qu'un être, étant ce qu'il est, son opération soit également ce qu'elle est, est-il donc aussi *nécessaire* que les êtres *soient ce qu'ils sont ?*

Ici, nous devons établir une distinction entre l'*existence* des choses et leur *essence pure*, ou possibilité métaphysique.

Evidemment les choses créées ne sont point nécessaires dans leur *existence* ; elles sont contingentes, elles pourraient ne pas être, et par conséquent leur opération elle-même est contingente et pourrait n'être pas.

Mais si les créatures sont contingentes au point de vue de leur existence, il n'en est pas de même dans leurs attributs métaphysiques ou leur essence pure.

Parmi l'infinité d'êtres *possibles* qu'il voit dans son intelligence, Dieu en choisit un nombre déterminé qu'il fait passer de la possibilité pure à l'existence.

L'essence pure ou la possibilité métaphysique est donc nécessaire, éternelle, immuable comme la pensée divine elle-même ; mais quand elle se réalise dans les individus, qu'elle sort de la simple possibilité pour entrer dans le domaine de l'existence, elle est contingente.

Toutefois, contingente quant à l'existence, elle reste immuable et nécessaire en elle-même : l'homme pourrait ne pas exister ; mais, s'il existe, il faut nécessairement qu'il soit animal raisonnable.

L'essence *physique*, c'est-à-dire l'essence métaphysique *réalisée* dans l'individu, est donc *hypothétiquement* nécessaire.

Donc il en est de même de son opération : « *operatio sequitur esse.* »

Or les lois de l'univers ne sont autre chose que l'ensemble des forces physiques dans leur action réciproque ; il s'ensuit que les lois de l'univers sont *hypothétiquement* nécessaires, immuables et fixes.

Mais si leur acte est nécessaire, il n'en est pas moins limité dans son énergie ; par conséquent, la *cause première*, pour des raisons puisées dans son infinie sagesse, peut annuler complètement l'énergie de la cause seconde, ou produire d'elle-même un effet qui la dépasse infiniment.

L'évidence *toute rationnelle* de ce principe montre la possibilité *toute surnaturelle* du miracle.

2° Le principe de finalité.

Nous avons montré comment le principe de causalité, « tout ce qui arrive a une cause, » renferme le principe de finalité : « rien ne se fait en vain. » Si rien n'arrive sans cause efficiente, il faut donc ajouter : rien n'arrive sans cause finale.

La conscience, dûment consultée, nous dit que jamais la volonté ne se détermine qu'en vue d'une fin ; par conséquent, la fin est la première des causes, puisqu'elle met en action toutes les autres. Aussi la notion de finalité nous est-elle aussi familière, sinon plus familière, que la notion de cause efficiente.

Cependant, aujourd'hui, tous les penseurs ne sont pas de cet avis.

Tout en reconnaissant une certaine valeur au principe de finalité, on nous dit que ce principe n'est point réellement *premier*, mais *dérivé*, et que, d'ailleurs, il n'a pas dans son application l'universalité de la cause efficiente.

Dabord, ce principe est dérivé ; en effet, si nous y regardons de près, nous voyons qu'il découle de la connaissance expérimentale de l'ordre du monde et de la notion de Providence.

En second lieu, ce principe n'est point d'une application universelle : tout ce qui arrive a une cause efficiente ; mais peut-on soutenir que tout ce qui arrive ait une cause finale ?

Voyez les découpures et les formes bizarres que présentent à la vue les sommets des Alpes ; direz-vous que la force intérieure qui a soulevé chacune de ces masses avait en *intention* l'étrange configuration de l'ensemble ?

La réponse est facile.

1° Le principe de finalité est *premier* au même titre que le principe de cause efficiente, puisqu'il se trouve immédiatement dans la raison humaine, ainsi que le prouvent les questions de l'enfant : le » pourquoi » qui demande la raison des choses, la raison adéquate, *suffisante*, exige, pour être satisfait, avant tout, leur finalité ; « pourquoi ? » dit l'enfant : pourquoi a-t-on fait cela ? à quoi cela sert-il ?

Il est faux que ce principe soit dérivé de l'ordre du monde et de la notion de Providence ; n'est-ce pas, au contraire, à l'aide de ce principe que nous apprécions l'ordre du monde, et que nous nous élevons à la notion d'une cause providentielle qui a fait ce bel ordre et qui le maintient ?

2° S'il n'était puéril de rechercher la cause finale des formes variées qu'affectent les sommets des montagnes, nous dirions que, dans cet exemple, c'est pourtant la cause finale qui domine : car, le soulèvement du terrain, la forme qu'il prend d'après les dispositions de la matière et les lois mécaniques de la pesanteur, se ramènent aux actions réciproques des agents physiques, et par conséquent aux lois générales de la nature, dernière expression de l'universelle finalité des choses.

C'est donc bien à tort qu'on a voulu diminuer la valeur et la partie du *principe des fins*.

Il nous reste à le venger des attaques de l'empirisme.

Les Epicuriens, avec Lucrèce, leur interprète, et avec les Matérialistes contemporains, nous disent que « l'organe crée la fonction. » L'oiseau n'a pas des ailes *pour* voler ; mais il vole *parce qu'il* a des ailes.

Le système évolutionniste de Spencer, compliqué de la théorie naturaliste de Darwin, prétend expliquer cette adaptation mécanique des organes à la fonction, par la nécessité des *milieux*.

L'être vivant, au fond duquel se trouve comme

une *poussée* à l'adaptation, s'organise d'après les exigences des milieux ambiants, de sorte que des nageoires se développent chez le poisson par la nécessité même où il est de se mouvoir dans l'océan, pendant que l'oiseau se munit d'un appareil analogue qui doit le porter dans les espaces de l'air.

Les ailes de l'oiseau et les nageoires du poisson ne doivent donc point être considérées comme des *moyens*, ce qui indiquerait une *intention*, une *finalité*, mais comme un *résultat*, produit mécanique et fatal d'une adaptation nécessaire.

Vains efforts ! A mesure qu'on veut supprimer la finalité, la finalité s'impose avec une nécessité plus impérieuse. Que représente cette adaptation, que représente le *milieu* lui-même, que représente enfin le mouvement ou la poussée des organismes vers un type plus parfait, sinon une finalité inhérente au cœur des choses ?

Rôle du principe de finalité dans la science.

Bacon, le premier, a discrédité les causes finales dans la science moderne. C'est à l'abus des raisonnements fondés *à priori* sur la finalité que, d'après lui, nous devons attribuer le peu de progrès des sciences physiques pendant toute la période du Moyen-Age ; aussi, comparant les causes finales aux Vierges consacrées au Seigneur, qui demeurent inféconde, les relègue-t-il dédaigneusement hors de la science, dans les régions de la métaphysique.

Le XVIIIe siècle, dont les tendances matérialistes trouvent chez Bacon un empirisme qui leur est favorable, a partagé son mépris pour la *finalité*.

Aujourd'hui encore, la science positive, quand elle n'est pas hostile aux causes finales, se montre à leur égard réservée et même défiante

Si Claude Bernard consent à reconnaître dans la matière organisée une *intention*, un *dessein*, une *idée directrice*, ce n'est qu'après mille précautions et sous la lumière irrésistible de l'évidence. Pour ce grand physiologiste, le type achevé de la finalité, c'est l'œuf. Là, en effet, on ne peut recourir à une adaptation mécanique d'après l'exigence des *milieux*, puisque tout ce qui se trouve dans l'œuf est *en vue*, non de ce qui est, mais de ce qui sera ; aussi appelle-t-il l'œuf « *un devenir.* »

Nous admettrons volontiers, avec les savants, que la préoccupation de trouver partout une *finalité* précise, peut enlever à l'œil de l'expérimentateur quelque chose de son impartialité, et faire dévier l'expérience ; mais nous prétendons que le savant ne doit point négliger les causes finales, une finalité expérimentalement constatée pouvant l'aider dans ses investigations ultérieures. N'est-ce pas à ce procédé, fondé sur la notion évidente de finalité en général, que nous devons les beaux résultats de la science Paléontologique, qui nous a été léguée par le génie de Cuvier ?

Ce grand Naturaliste a pu ainsi reconstruire de toutes pièces des types d'animaux qui ont disparu de la faune actuelle. Par exemple, une dent et un tibia lui suffisent : la dent exige-t-elle que l'animal soit herbivore, pendant que le tibia montre qu'il était haut perché sur ses jambes ? Nécessairement l'animal avait un long cou, et alors Cuvier, ajoutant à l'idée de finalité la méthode d'analogie, qui, elle-même, dérive d'une croyance à un dessein, à un plan, à une « idée directrice », reconstruit entièrement l'animal préhistorique en le rapprochant des espèces actuelles.

Rôle du principe de finalité en métaphysique.

Mais c'est à la métaphysique que revient le plus noble usage du principe de *finalité*.

Les anciens, au premier rang Socrate et Platon, ne cessent de nous montrer dans le bel ordre du monde la sagesse infinie du sublime Géomètre, et dans l'harmonie de nos facultés, dans l'admirable constitution de notre corps, une attention tout particulièrement bienveillante de Dieu à l'égard de l'homme.

Cette preuve si populaire, si saisissante, de l'existence de Dieu par l'ordre de l'univers, a trouvé sous la plume de Fénelon tous les charmes de l'éloquence et de la poésie.

Cependant c'est Aristote qui a fait du principe de finalité le plus merveilleux emploi.

Il nous représente la cause finale, qui est *l'acte pur* ou le bien absolu, mettant l'univers en mouvement par *l'attrait* du *souverain désirable*, auquel tous les êtres demeurent suspendus dans leur évolution ascendante ; le mouvement général est donc une ascension des êtres vers une perfection supérieure, en vue d'un Idéal absolu, qui est le Souverain Bien.

Leibniz, dans un système où l'imagination marche de pair avec la raison, et parfois la devance, nous sépare les choses de l'univers en deux règnes, le règne des *causes efficientes*, représenté par l'ensemble des *monades* non douées de raison et le règne des *causes finales*, représenté par l'ensemble des *monades* intelligentes.

Dieu, Père et Roi du monde, a, dès le commencement, adapté dans une parfaite harmonie le développement successif des causes efficientes aux fins générales des monades douées d'intelligence et de liberté, de sorte que l'ensemble des choses doit aboutir à une finalité supérieure contenue dans la pensée divine.

Kant lui-même, après avoir, dans sa critique de la raison pure, *immolé*, avec toutes les autres, la preuve si claire et si populaire de l'existence de Dieu par les causes finales, arrive, dans sa critique de la raison pratique, à reconnaître une finalité morale, grâce à laquelle les notions métaphysiques les plus hautes, exclues de la raison pure, rentrent dans la vie humaine à titre de *croyances nécessaires*.

Descartes seul, parmi les grands métaphysiciens, a négligé les causes finales; ce qui ne peut étonner, quand on se rappelle que ce philosophe procède toujours *a priori*, et construit le monde lui-même, d'après *ses idées claires*. Pour lui, le monde réel ne compte pas, ou presque pas. D'où il suit que la *finalité* qui s'applique *a posteriori* à l'ordre des choses, ne devait point trouver de place dans la philosophie Cartésienne.

XIII

La volonté. —

Activité spontanée ; activité libre.

On peut dire que l'activité est l'attribut général de l'âme humaine.

Substance vivante, simple et spirituelle, l'âme est toujours active, alors même qu'elle subit l'action du dehors, comme dans la sensation.

L'activité est spontanée ou libre.

L'activité libre s'appelle la volonté ; l'activité spontanée se manifeste par l'instinct.

Entre l'instinct et la volonté libre on a souvent placé *l'habitude*, comme une manifestation de l'activité tenant à la fois de l'instinct et de la liberté.

Cependant l'habitude, dont les actes, surtout lorsqu'elle est de l'ordre sensible, ont une certaine ressemblance avec les actes spontanés, diffère entièrement de l'instinct.

L'instinct est *naturel*, c'est-à-dire *l'expression* même des vues de la nature dans la conservation de l'être sensible ; tandis que l'habitude est *acquise* ; l'instinct est *fixe*, *invariable*, *indestructible*, tandis que l'habitude change, augmente ou diminue, ou même disparait entièrement. Enfin, l'instinct est *fatal* et reste en dehors de toute moralité, tandis que l'habitude, *produit de la volonté*, est toujours volontaire, et par conséquent demeure soumise aux lois de la morale.

1° L'instinct.

L'instinct (de στίζω, stimulus, aiguillon), est une excitation ou impulsion de la nature, en vertu de laquelle l'animal produit certains actes nécessaires à la conservation et au développement de la vie physique.

L'instinct est général ou particulier.

L'instinct *général* est celui qui a *directement* pour objet la conservation de la vie physique ; cet instinct est le même chez tout animal, l'homme compris.

L'instinct *particulier* est le propre de l'animal dénué de raison, et il varie avec les races et les espèces : l'instinct de l'oiseau n'est pas l'instinct de l'abeille, l'instinct de l'abeille n'est pas celui de la fourmi.

L'enfant lui-même est d'abord entièrement soumis à la loi de l'instinct. A mesure que l'intelligence se développe, l'empire de l'instinct diminue, ou se dissimule sous la nécessité des *appétits*, qui en sont l'expression.

Mais il y a un instinct qui, heureusement, ne l'abandonne jamais, c'est l'instinct de conservation.

Cet instinct, qu'on pourrait appeler l'amour inné de l'*être*, lui fait prévenir les dangers, avant qu'il ait pu faire appel à la raison, à la réflexion, au raisonnement.

Caractères de l'instinct.

1° L'instinct opère sans connaissance préalable des fins et des mo

2° L'instinct est infai choix des moyens et dans l'exécution.

3° L'instinct est fixe, c'est-à-dire invariable dans son objet.

4° L'instinct atteint du premier coup la perfection de son acte.

De cette perfection immédiate, qui est le caractère distinctif des œuvres de l'instinct, quelques esprits, enclins au paradoxe, ont argué contre la raison de l'homme en faveur de l'animal. C'est ainsi que Montaigne, pour faire pièce à l'humanité, exalte l'esprit des bêtes.

Il est visible cependant que cette perfection des œuvres de l'instinct prouve, au contraire, l'infériorité de la bête et l'incomparable supériorité de l'homme.

Par son instinct, la bête atteint la perfection du premier coup, parce qu'elle n'est que l'instrument aveugle de la nature.

L'homme commence par des tâtonnements, il arrive peu à peu à des essais meilleurs, et toujours il se perfectionne. Pourquoi ? Parce que, chez lui, c'est l'intelligence qui opère, et que ce qu'il fait est l'œuvre de sa propre industrie. La perfection lui est peut-être inconnue, en ce sens qu'il ne la réalise jamais ; du moins il peut toujours la concevoir comme un idéal. Poursuivre l'idéal, n'est-ce pas son plus noble privilège ?

De plus, l'homme seul se propose des fins, seul il adapte à ces fins des moyens multiples, qu'il peut varier toujours. De là pour lui la possibilité d'un perfectionnement progressif : l'homme, c'est le *progrès* ; l'animal, c'est la *fixité* et l'*immobilité*.

Toutefois, bi soit par lui-même absolumen . . solument inhabile à ectionnement, il ne s'ensuit pas qu'il ne puisse, jusqu'à un certain point, s'accommoder d'une manière nouvelle aux conditions extérieures.

Ainsi, l'on a vu, parait-il, les hirondelles, en certains pays, *modifier* leur nid, non pas dans sa forme, mais dans les matériaux employés à sa construction. D'où venait ce phénomène? de la nécessité, et non d'un choix intelligent et libre : les matériaux habituels lui faisant défaut, l'animal en prenait d'analogues qui aboutissaient pour lui au même résultat.

On cite également les castors, qui ne construisent plus à l'extérieur ces magnifiques ouvrages que les naturalistes ont tant vantés : traqués par les chasseurs, qui recherchent avidement leurs fourrures, ils se sont réfugiés sous terre, et construisent à l'intérieur les galeries qu'ils élevaient au dehors.

Ces faits, et d'autres semblables, prouvent que l'animal, poussé par l'instinct de conservation, et par la nécessité de faire une demeure à ses petits, peut varier légèrement son travail lorsque la nécessité l'y contraint; mais ces variations ne s'étendent jamais en dehors de l'instinct lui-même, et ne dépassent point la capacité d'un être sensible, dont les sensations s'enchaînent dans la mémoire, et peuvent certainement présenter une lointaine imitation d'un plan voulu, d'une intention, d'un dessein, d'un raisonnement.

La preuve que ces innovations infimes ne dépassent point l'ordre sensible, c'est que l'animal, malgré tout, reste stationnaire, qu'il ne conçoit pas des fins multiples, de manière à nous offrir le spectacle d'un progrès réel.

Théorie de l'école évolutionniste sur l'origine de l'instinct.

A propos des inclinations naturelles, Pascal jette cette phrase un peu sceptique : « J'ai bien peur que cette nature ne soit elle-même qu'une première coutume.»

La théorie évolutionniste de l'instinct est là tout entière en germe.

Selon Darwin et Spencer, l'animal, s'ajustant d'après ses besoins au milieu ambiant, aurait contracté peu à peu des propensions et des facilités qui constitueraient précisément ce qu'aujourd'hui nous appelons l'instinct. En effet, ces propensions, à la fois cérébrales et psychiques, auraient passé dans la race par voie d'hérédité, et aujourd'hui elles seraient absolument indestructibles.

La théorie de l'hérédité suppose que l'instinct est toujours en évolution, et cependant nous ne voyons pas qu'il ait varié depuis les premiers temps historiques jusqu'à nous.

Mais ici se présente l'insurmontable difficulté que nous rencontrons toujours quand il s'agit du système de Spencer. Il y aurait eu un premier moment où les êtres vivants auraient été dépourvus d'instinct. Et même, encore une fois, comme dans cette théorie on ne compte pas avec les siècles, nous pourrions supposer que les animaux auraient mis d'innombrables séries d'années à s'ajuster aux milieux, à contracter l'habitude instinctive. Mais cette habitude est la condition *sine quâ non* de la conservation et du développement de la vie. Donc, si les êtres vivants n'avaient pas eu l'instinct dès les premiers moments de leur existence, ils auraient disparu du monde avant de l'acquérir.

2° L'habitude.

L'habitude est une tendance et une facilité à produire certains actes déterminés, fondée sur la capacité des êtres vivants à reproduire plus facilement ce qu'ils ont fait une ou plusieurs fois.

L'habitude a donc pour *condition* la répétition d'un même acte.

Quelle est précisément la cause de l'habitude.

On dit que la répétition ne peut être la cause de l'habitude, parce qu'un seul acte suffit parfois pour nous créer une habitude; que, d'ailleurs, si un premier acte ne crée pas un commencement d'habitude, un second n'aurait pas plus de valeur, et par conséquent la répétition des actes ne signifierait rien.

Nous répondrons : en effet, si la nature humaine n'avait pas la capacité native de se plier à l'habitude, la répétition des actes ne serait d'aucune valeur. Mais, étant donné que la nature humaine a une tendance à reproduire un acte qu'elle a produit une fois dans ses conditions normales, il est certain que la répétition des actes nourrit et développe cette tendance.

Sans doute, dans l'ordre sensible, un seul acte peut, de lui-même, créer l'habitude, par le fait de l'inertie et de la passivité de la faculté dans laquelle il s'opère.

Il n'en est pas de même dans l'ordre intellectuel et moral, ou dans ces actes qui tiennent à la fois de l'organisme et de l'intelligence, comme la lecture, l'écriture, etc... Il est certain qu'alors un seul acte ne fait pas l'habitude ; on peut dire tout au plus qu'il l'ébauche.

Donc, nous définirons l'habitude une tendance à l'acte et une facilité à le produire, *occasionnée* par la répétition plus ou moins fréquente de cet acte.

En quoi l'habitude diffère de l'instinct.

Il suit de l'analyse précédente que l'habitude diffère de l'instinct :

1° en ce que l'instinct est *naturel,* tandis que l'habitude est acquise ;

2° en ce que l'instinct, dans sa *généralité*, est le même chez tous les êtres sensibles, et dans sa *spécialité*, le même chez tous les êtres d'une même espèce, tandis que l'habitude est relative à chaque individu, et que même, dans chaque individu, elle varie avec le temps ;

3° en ce que l'instinct est indestructible, et que l'habitude, résultat de l'activité libre, dépend toujours de la volonté, et peut être détruite par une habitude contraire : « consuetudo consuetudine vincitur ; »

4° en ce que l'instinct est stationnaire, tandis que l'habitude, susceptible de développement, est mobile : elle augmente ou décroît suivant les circonstances extérieures et les efforts de la volonté.

Entre l'habitude et l'instinct, la différence est donc radicale.

Cependant l'instinct et l'habitude ont des points de ressemblance si frappants, qu'Aristote a pu dire : « l'habitude est une seconde nature. »

En effet, — et ici nous parlons surtout des habitudes sensibles, — l'habitude se manifeste à peu près de la même manière que l'instinct ; elle éveille un besoin à un moment donné, et elle tend immédiatement à le satisfaire. Il y a même des habitudes sensibles, des habitudes fondées sur nos appétits naturels et nos inclinations, qui deviennent presque indestructibles comme l'instinct lui-même. On peut appeler ces habitudes des appétits factices.

Différentes espèces d'habitudes

L'habitude est *sensible*, quand elle se rapporte uniquement à la sensibilité, comme l'habitude des excitants, l'habitude d'éprouver certaines émotions.

L'habitude est *mixte*, lorsqu'elle se rapporte en même temps à l'organisme et à l'intelligence, comme l'habitude d'écrire, de jouer d'un instrument.

L'habitude *intellectuelle* est la science.

L'habitude *morale* est la vertu.

Le vice est *indirectement* une habitude de l'ordre moral, car il suppose l'assujettissement de la *volonté* à la sensibilité.

Une habitude sensible est *passive*.

Une habitude mixte, intellectuelle, morale, est une habitude *active*.

Les lois de l'habitude. La loi générale de l'habitude, c'est qu'elle perfectionne la faculté à laquelle elle s'ajoute comme disposition.

D'où il suit que, dans les habitudes passives, elle augmente la passivité, et dans les habitudes actives, elle augmente l'activité.

Dans l'habitude passive, l'acte s'émousse par la répétition et cependant devient plus impérieux.

Dans l'habitude active, l'acte devient plus parfait sous le rapport de l'activité à mesure qu'il est plus répété.

Donc l'habitude, qui amoindrit la sensibilité, fortifie l'activité.

Ainsi, par l'habitude, les plaisirs et les douleurs diminuent d'intensité. Ainsi, par l'habitude, l'intelligence se développe, se fortifie, et acquiert une plus grande facilité dans la science à laquelle nous l'appliquons : la science est une habitude.

Ainsi, par l'habitude, la volonté opère plus facilement et plus promptement dans les actes qui sont conformes à la loi morale : la vertu est une habitude.

Si la vertu est une habitude, il faut bien dire que le vice est également une habitude. Un acte de vertu ne fait pas un homme vertueux ; quelquefois un acte vicieux crée le vice dans une âme. Cela vient de ce que les actes appelés vicieux sont le fruit de nos penchants, que nos penchants appartiennent à la partie sensible de notre être, et qu'ils subissent la loi des habitudes passives.

Ici, un problème se pose. L'habitude détruit-elle la liberté des actes, de manière qu'elle leur enlève toute moralité ?

De la moralité des habitudes.

L'habitude *vicieuse* peut, sans doute, diminuer la liberté ; mais jamais, à moins que l'intelligence elle-même n'ait disparu, elle ne la supprime.

Et si l'on conçoit des habitudes vicieuses qui soient tellement passées à l'état de nature, que les actes qui en relèvent échappent à l'attention de l'agent, celui-ci est toujours responsable, tant qu'il n'a pas rétracté son habitude et qu'il ne travaille pas à s'en corriger. Autrement, il faudrait dire qu'on devient innocent à force d'être vicieux.

De même pour les actes vertueux ; non seulement l'habitude, par la facilité qu'elle donne, n'enlève rien au mérite, mais encore elle l'augmente, le mérite ayant sa source, non pas précisément dans l'acte lui-même, mais dans l'intensité de la bonne volonté ; or une volonté vertueuse est *meilleure* qu'une volonté qui n'a pas l'habitude de la vertu. Donc, en *soi*, un acte isolé de vertu est moins méritoire qu'un acte qui provient d'une habitude vertueuse. S'il en était autrement, à mesure que l'on serait plus vertueux diminueraient le mérite et la moralité des actes.

Du rôle de l'habitude dans la vie humaine.

C'est par l'habitude que l'enfant apprend à lire, à écrire, à calculer, et qu'il n'est pas obligé de déployer tous les jours la même énergie, de renouveler tous les jours le même effort.

C'est par l'habitude que l'ouvrier se forme à un genre de travail qui doit rester le sien : « fabricando fit faber; » — c'est en forgeant qu'on devient forgeron.

C'est par l'habitude que l'artiste acquiert *ce coup de main* nécessaire dans tous les arts comme dans tous les métiers.

C'est à l'habitude que le savant doit cette facilité merveilleuse qu'il montre à traiter les questions qui ont rapport à la science dont il s'occupe.

Ainsi se trouve réalisée la loi exprimée plus haut : l'habitude fortifie l'activité.

C'est par l'habitude que, dans la vie morale de notre âme, nous échappons à la tyrannie des mobiles inférieurs : la lutte perd de son intensité en raison d'une liberté plus grande et d'une volonté plus affermie,

Ainsi se vérifie la même loi : l'habitude fortifie l'activité.

C'est par l'habitude que certaines douleurs, et en particulier le chagrin, diminuent avec le temps, et deviennent tolérables.

C'est par l'habitude qu'une vie de labeur et de pauvreté peut avoir ses joies et ses contentements.

C'est par l'habitude que le chirurgien peut faire, sans s'émouvoir et sans trembler, des opérations délicates qui demandent le calme de la main ; ainsi encore, les personnes qui se dévouent au soin des malades, arrivent à supporter aisément, sans rien perdre de la bonté de leur cœur, les cris de la douleur et la vue des plaies. Par l'habitude, le soldat lui-même peut entendre sans trembler la voix du canon.

Ainsi se réalise la seconde loi que nous avons posée : l'habitude émousse la sensibilité.

On voit immédiatement qu'à ces bons effets de l'habitude nous devons ajouter les maux dont elle est la source.

Si la vertu est une habitude, le vice avons-nous dit, est aussi une habitude ; et les habitudes sensibles, greffées sur nos penchants naturels, deviennent en quelque sorte une *seconde nature*.

De plus, même dans les habitudes qui sont fondées sur l'activité, il faut redouter ce qu'on appelle ordinairement la routine. On appelle ainsi une espèce d'automatisme qui se glisse, à notre insu, même dans l'exercice de nos devoirs, et dans nos actes les plus vertueux, pour les soustraire en tout ou en partie à la direction rationnelle de la volonté.

Il faut donc de temps en temps soumettre nos actes ordinaires à une réflexion laborieuse, de manière qu'ils restent vraiment *voulus* par nous, sinon d'une volonté actuelle, au moins d'une volonté habituelle et générale, qu'on nomme la bonne intention.

Disons en terminant que c'est par l'habitude que l'homme donne l'unité à sa vie : l'habitude relie le passé au présent, le présent à l'avenir ; c'est ce qu'on appelle le cours de la vie, la teneur de la vie.

Cette habitude de l'uniformité de la vie est si puissante, que souvent des hommes qui, après une vie pleine d'occupations, d'agitations et d'affaires, veulent commencer une vie nouvelle pour y trouver le repos, n'y rencontrent qu'un ennui désolant et parfois même la mort.

Activité libre.

L'activité libre s'appelle la Volonté.

La volonté est le pouvoir que nous avons de

nous déterminer nous-mêmes d'après des motifs.

La volonté a donc pour attribut la liberté.

L'instinct est *déterminé* d'avance ; la volonté se détermine d'elle-même.

Elle se détermine d'après des motifs : une détermination qui ne serait pas fondée sur des *motifs* serait une détermination instinctive, fatale, n'ayant rien de commun avec la liberté. Ainsi l'animal parait se *décider*, prendre un *parti* ; en réalité, il suit l'impulsion de sa sensibilité, il ne choisit pas, il n'est pas libre.

L'homme conçoit un but, des motifs pour ou contre, pèse la valeur des motifs, et, d'après les motifs, il choisit, il se détermine comme il veut, il est libre.

La liberté a-t-elle des degrés?

« *Nihil volitum nisi prœcognitum* » ; la vue intellectuelle des motifs est donc une condition essentielle de la liberté.

La liberté diminue à mesure que cette vue est moins claire, et si l'esprit est tellement troublé par une cause intérieure ou extérieure, qu'il ne puisse plus peser réellement les motifs, la liberté aura disparu.

On distingue généralement les motifs et les mobiles.

Les *motifs* viennent de la raison, les *mobiles* ont leur origine dans la sensibilité, le tempérament et les passions.

Les mobiles agissent directement sur la volonté, ils l'inclinent dans le sens de l'appétit, du penchant et de la passion ; ils ont également une action *indirecte* sur la volonté par l'intermédiaire de l'imagination, qui, elle-même, par l'attrait qu'elle donne aux choses, tend des embûches à l'esprit ; l'esprit, à son tour, incline la volonté.

En réalité, la volonté ne se détermine jamais à

l'occasion d'un mobile, à moins que l'intelligence ne l'ait transformé en motif : le plaisir, qui est un *mobile*, peut être proposé par l'intelligence comme *motif*.

Donc, la volonté est d'autant plus libre que l'intelligence voit plus clairement les motifs, et qu'elle est moins soumise à l'entraînement, à la sollicitation des mobiles.

D'où il suit que le motif est un élément essentiel, au moins comme condition, de la détermination libre, tandis que le mobile n'est qu'un élément accessoire, trop souvent funeste, qui ne peut entrer dans la détermination, comme élément, qu'en se transformant en motif.

Analyse de l'acte volontaire.

A propos de l'acte volontaire, nous pouvons distinguer ce qui prépare la détermination et ce qui la suit, les antécédents et les conséquents.

D'abord, l'esprit conçoit un but, ensuite les moyens pour atteindre ce but; il examine les motifs qu'il a d'agir ou de ne pas agir, les motifs de choisir tel moyen plutôt que tel autre.

Ainsi, par exemple, vais-je sortir à la promenade ou rester à ma chambre ? J'ai des motifs de sortir, j'en ai de rester. Les mobiles eux-mêmes tendent à faire pencher ma volonté dans un sens ou dans l'autre. Cette balance idéale des motifs s'appelle la *délibération*.

Jusqu'à présent, l'intelligence seule est en œuvre, avec une certaine coopération, dans un sens ou dans l'autre, de la sensibilité.

Enfin, je choisis, je me détermine, je veux sortir à la promenade ou rester à ma chambre; c'est *décidé*. Voilà proprement et uniquement l'acte libre de la volonté.

Ce qui suit, c'est l'exécution; l'exécution n'appartient plus à la liberté, à moins qu'on ne veuille appeler *liberté physique* le *pouvoir d'agir*, le pouvoir d'exécuter ce qui est voulu.

La détermination libre suppose, en quelque sorte, un commencement d'exécution : vouloir réellement implique l'action elle-même, au moins en intention ; car *vouloir* et ne pas vouloir *faire*, est l'indice d'une certaine hésitation qui s'exprime par le mot *velléité*.

Mais notons-le bien, le pouvoir de l'exécution, la liberté physique, en soi, n'est point renfermée dans l'acte de vouloir ; ou plutôt, l'acte de vouloir, c'est-à-dire la liberté psychologique, la liberté morale, le libre arbitre, est indépendant du pouvoir physique de l'exécution.

La violence peut détruire mon pouvoir d'exécution, ma liberté physique ; aucune violence, à moins de troubler mon esprit, ne peut contraindre mon libre arbitre. Mon *vouloir* est à *moi*, à *moi seul* ; Dieu même le respecte absolument, et rien ne peut me l'arracher. Le prisonnier n'a pas sa liberté physique, il a toute sa liberté morale. Le martyr, à qui on prend la main pour le forcer à brûler de l'encens devant les idoles, n'a pas sa liberté physique, mais il jouit de la plénitude de sa liberté morale, il est complètement libre.

Ne pas confondre la volonté avec le désir.

Les sensualistes ont confondu la volonté avec le désir. Condillac ne voit dans la détermination volontaire qu'un désir qui l'emporte sur les autres désirs, c'est-à-dire, pour nous conformer au langage étrange de ce philosophe, l'acte de vouloir est une sensation plus forte transformée en désir plus fort.

Cette théorie ne résiste pas à l'analyse.

Le désir est fatal, il est en moi, sans moi, et comme à mon insu, je le subis, je ne le produis pas.

Au contraire, mon vouloir, c'est moi ; je me détermine comme je veux et en pleine connaissance de cause, j'ai conscience de pouvoir à mon gré disposer de ma volonté, vouloir ou ne pas vouloir.

Le désir apparait sans aucun motif auquel je puisse le rapporter ; la détermination libre est toujours fondée sur une raison connue

Le désir est si loin d'être mon acte de vouloir. qu'il lui est bien souvent opposé ; je désire ce que je ne veux pas, et je veux souvent ce qui est contraire à mon désir. C'est même le triomphe de la liberté, de réprimer les désirs et de les soumettre. Un exemple admirable du triomphe de la volonté sur le désir se trouve en Rodrigue et Chimène.

L'acte volontaire est en même temps un acte de raison, le désir se joue souvent dans le pays des chimères ; il est déraisonnable, insensé, absurde : je puis désirer l'impossible, réellement je ne puis le vouloir.

La volonté est donc infiniment supérieure au désir, elle le combat, elle l'assujettit ; si elle lui cède, c'est toujours librement, et en se distinguant du désir lui-même.

Différentes acceptions du mot liberté.

Nous avons dit qu'il ne faut pas confondre la liberté morale ou psychologique, appelée encore *libre arbitre*, avec le pouvoir d'agir qu'on nomme quelquefois liberté physique.

Ne la confondons pas non plus avec la liberté civile et la liberté politique.

On appelle liberté civile, le pouvoir qu'ont les citoyens de produire certains actes publics ou privés sous la protection des lois : ainsi le pouvoir de faire des contrats, de réclamer ses droits en justice.

On appelle liberté politique, le pouvoir qu'ont les citoyens de participer plus ou moins directement au gouvernement de la chose publique.

La liberté civile est indépendante de la forme du gouvernement ; elle est à peu près la même dans tous les pays civilisés.

La liberté politique dépend de la forme de l'Etat ; elle est réglée par la Constitution.

Evidemment la liberté politique et la liberté civile ont leur source première dans la liberté morale.

Supprimez la liberté morale, du même coup vous enlevez la liberté civile et la liberté politique.

La liberté et les sciences morales.

Avec la liberté morale disparaissent toutes les sciences morales.

D'abord, la morale proprement dite n'a plus de sens, puisqu'elle suppose un agent libre et responsable.

Plus de politique : si l'homme n'est pas libre, il ne peut ni gouverner ni être gouverné ; l'action du berger sur son troupeau n'est pas une action gouvernementale : le berger n'oblige pas, il contraint.

La contrainte remplaçant l'obligation, il n'y a plus de droit, plus de jurisprudence.

Plus d'histoire, à moins que l'on n'entende par ce mot l'histoire naturelle.

Plus d'Economie politique : la science de la Richesse implique le droit de posséder, et le droit de propriété a pour condition première la liberté morale.

Preuves de la liberté morale.

Ma conscience me dit que je suis libre comme elle me dit que je suis raisonnable.

Nous avons étudié expérimentalement le fait de la liberté : la détermination est précédée de la délibération ; or, si je délibère, c'est que j'ai conscience d'être libre, de disposer de mon *vouloir*.

Même dans l'acte de me déterminer qui suit la délibération, j'ai conscience, au moment où je prends un parti, d'être parfaitement libre de prendre un autre parti.

Après ma décision, je me félicite ou je me fais des reproches, je me dis que j'ai bien fait ou mal fait, j'éprouve une joie intérieure ou un malaise que j'appelle le remords. Je dis : « si c'était à refaire ! »

Tous ces phénomènes de l'ordre moral montrent évidemment, chez moi, la certitude que j'étais libre au moment où j'ai pris ma décision, et que je le suis encore.

Ce que j'éprouve, les autres l'éprouvent de même ; la langue et la littérature de tous les peuples rendent témoignage de cette vérité.

Partout et dans tous les temps, nous trouvons l'estime et le mépris, la louange et le blâme, les prières, les exhortations, les conseils.

Partout et toujours, le sentiment du mérite et du démérite ; d'où l'idée de châtiment et de récompense.

Partout, des lois et des institutions.

Partout enfin, les actes les plus admirés sont les actes qui supposent une volonté maitresse d'elle-même et supérieure aux excitations vulgaires de la nature.

Rôle de l'intelligence dans l'acte libre; deux excès opposés. —

Pour vouloir, il faut savoir ce qu'on veut, « *Nihil volitum nisi prœcognitum.* » — Quel est donc, dans nos déterminations, le rôle précis de l'intelligence ?

A ce sujet, il est facile de tomber en deux excès opposés.

1° La liberté d'indifférence.

Thomas Reid prétend que la volonté est entièrement soustraite à l'influence de la raison, c'est-à-dire des motifs ; c'est ce qu'il appelle la *liberté d'indifférence*.

Descartes, accordant à la volonté la priorité sur l'intelligence, doit également, pour être conséquent avec lui-même, admettre que la volonté se détermine sans motifs et avant tout concours de la raison.

Je veux parce que je veux, « *sit pro ratione voluntas.* »

Thomas Reid pourrait remarquer que, dans cette formule qui paraît favorable à sa doctrine, mon vouloir a précisément un motif très net, celui de montrer que je suis libre.

Ce philosophe apporte un exemple à l'appui de sa théorie : je dois à quelqu'un une guinée, je prends dans ma poche une guinée ; dirai-je que j'avais *un motif* pour choisir cette guinée plutôt qu'une autre ?

L'illusion de Th. Reid est évidente. Ce qui est *voulu*, dans l'exemple cité, et *voulu* pour un *motif*, c'est l'acte de prendre une guinée ; mais dans ce cas, la volition ne tombe pas sur une guinée déterminée ; instinctivement, sans un nouvel acte de volonté libre, je prends la guinée qui se présente.

Sous prétexte d'arracher la volonté à l'influence de la raison, et de la constituer dans ce qu'il appelle un état d'indifférence, Th. Reid ne s'aperçoit pas qu'il la dénature et la transforme en instinct. Une volonté *sans raison* ne serait plus une volonté libre ; livrée tout entière, comme chez l'animal, à la mobilité du caprice, elle ne s'appartiendrait plus à elle-même.

2° La prévalence des motifs.

Le fait incontestable de l'intervention des motifs dans la détermination libre a jeté certains philosophes dans une erreur diamétralement opposée à l'erreur de Th. Reid : nous ne nous déterminons point sans motifs, donc les motifs nous déterminent, et parmi les motifs, c'est toujours le motif le *plus fort* qui l'emporte ; de là cette expression : « prévalence des motifs. »

On compare la volonté à une balance ; dans un plateau sont les motifs *pour*, dans l'autre plateau les motifs *contre* ; c'est le poids le plus lourd qui l'emporte, c'est-à-dire le motif le *plus fort*.

Leibniz, appliquant son principe de *raison suffisante* à la détermination volontaire, transforme la liberté en « spontanéité intelligente. » C'est la théorie même de la prévalence des motifs : un être intelligent est déterminé par des motifs, et le motif déterminant est évidemment le motif le plus fort ; autrement l'être *intelligent* se déterminerait sans raison *suffisante*, ce qui implique contradiction.

Aussi Leibniz appelle-t-il l'âme « un automate spirituel. » « Automate, » parcequ'elle est *mue* ; « spirituel, » parcequ'elle est mue à l'aide de *motifs*. N'a-t-on pas, de nos jours, écrit dans le même sens : « on arrête un fleuve avec des digues, une volonté avec des raisons ? »

Examinons la valeur de cette théorie.

D'abord, la prévalence des motifs repose sur un raisonnement vicieux. On dit : il est de la nature de l'être intelligent de ne point se déterminer sans motifs ; donc ce sont les motifs qui le déterminent.

L'antécédent est vrai, la conséquence est

fausse. La vraie conséquence est celle-ci : donc les motifs sont la condition indispensable de toute détermination libre. Pour que la volonté se détermine, il lui faut des motifs : mais c'est elle-même qui se détermine à la lumière de la raison et à l'occasion des motifs. Donc les motifs, dans la détermination de la volonté, jouent le rôle inférieur de condition *sine quâ non*, et non pas le rôle prépondérant de cause efficiente.

Mais, en quoi pourrait bien consister cette prévalence des motifs à laquelle, sans le vouloir, on sacrifie la liberté ?

Nous avons déjà montré, dans le fait de la délibération, la preuve évidente que nous avons conscience de pouvoir choisir entre les motifs proposés.

Or, y a-t-il, parmi ces motifs un motif *prépondérant*, qui ait par *lui-même* une valeur vraiment décisive?

Presque toujours la délibération s'établit au sujet de motifs d'ordre si différent qu'il est impossible de les ramener à une commune mesure. Quel est, comme motif, le plus fort *en soi*, de mon devoir et de mon plaisir ? Evidemment ces choses-là ne peuvent se peser dans la même balance.

En réalité, c'est l'esprit qui estime la valeur des raisons ; mais quelle que soit la force intrinsèque d'un motif, la volonté fait toujours pencher le plateau comme elle veut.

« *Video meliora proboque*;
Deteriora sequor. »

Nul motif n'est donc *en soi* le plus fort. Le plus *fort* est celui que ma volonté entoure de lumière, qu'elle adopte, qu'elle fait sien, et il ne tient sa prévalence que du choix même de ma volonté.

Donc la volonté n'est point mue par des raisons, l'âme n'est point un *automate spirituel*.

Il n'est pas vrai non plus, comme le prétendait Leibniz, que l'aiguille aimantée, prenant conscience d'elle-même, se sentirait libre dans son mouvement vers le pôle. Elle irait, sans violence, naturellement et d'elle-même, mais non par un libre choix ; elle irait *volontiers*, mais non pas *volontairement*.

La liberté véritable exige donc l'exemption de toute nécessité intérieure, de toute spontanéité, de toute fatalité instinctive ou rationnelle. La liberté, c'est vraiment, suivant l'expression de Kant, *l'autonomie* de la volonté, non pas en ce sens que la volonté se fasse à elle-même ses lois, mais en ce sens qu'elle est maitresse chez elle et d'elle-même.

La liberté d'après l'école d'Aristote.

Dans l'école d'Aristote, la volonté est appelée « appétit rationnel. »

Il semble, de prime abord, que ce mot « Appétit », impliquant une fatalité de la nature, détruise la notion même de liberté.

Devrons-nous donc ranger parmi les fatalistes, Aristote, St Thomas d'Aquin, et Bossuet lui-même, qui fait de la volonté une faculté intellectuelle.

Il faut se rappeler que, d'après les principes de l'école Aristotélicienne, toute faculté ou *puissance* a nécessairement son objet ; qu'est-ce qu'un *pouvoir* qui n'aurait pas d'acte, et dont l'acte n'aurait pas d'objet ?

Or, de même qu'à nos facultés sensibles de percevoir correspond une tendance ou appétit sensible vers l'objet que la perception représente comme *bon* au point de vue des sens, de même aux facultés intellectuelles correspond une tendance ou appétit vers tout ce qui présente la forme générale de *bien* au point de vue rationnel.

Le *bien en général* est donc l'objet de la volonté, et la volonté est un appétit.

En tant qu'elle est un appétit, il serait contradictoire de rechercher en elle la liberté : une *puissance* qui serait indifférente relativement à son *objet*, implique contradiction.

Mais en tant que cet appétit est *rationnel*, c'est-à-dire en tant que, déterminé *au bien en général*, il *peut choisir* entre les différents biens que lui propose l'intelligence, il *est libre*.

Mais alors, on ne peut vouloir le mal pour le mal ?

Sans doute ; et Platon avait entrevu cette grande vérité : « *Nemo volens malus.* » D'après lui, une intelligence assez pure, assez éclairée, qui s'élèverait jusqu'à la contemplation du Souverain Bien, ne *voudrait* plus le mal, et, vraiment, ne *pourrait* vouloir que le bien.

Quoi qu'on puisse dire de l'exagération de la théorie Platonicienne, il est certain que nous concevons une liberté idéale, qui, fixée dans le bien, aurait son libre mouvement dans le bien sans jamais déchoir.

Cette liberté de Sainteté et de *Vision béatifique* n'est point encore la nôtre, et, au point de vue purement naturel, assurément elle est impossible. Toutefois, nous le répétons, c'est un *idéal* vers lequel nous nous élevons à mesure que, par la vertu, nous devenons plus étrangers à l'action des attraits inférieurs de la nature.

D'où il suit que la vertu, c'est la liberté.

La vraie liberté n'implique donc point nécessairement le pouvoir de pécher, et tout ce qui restreint ce pouvoir, loin de gêner la liberté, est favorable à son développement.

Mais, puisque, en théorie, la volonté ne peut *vouloir* que le *bien*, comment, de fait, *voulons-nous* le *mal* ?

Dans l'état d'imperfection où nous sommes pendant la vie d'épreuve, l'intelligence a ses obscurités, et la volonté, sollicitée par les inclinations mauvaises, ses défaillances. La volonté, toutefois, ne veut le mal que « *sub ratione boni.* » L'esprit lui propose comme *bon* ce qui ne l'est réellement que sous un rapport. Elle-même concourt à former ce jugement erroné, préférant un bien d'ordre inférieur à un bien supérieur, qu'elle sacrifie volontairement, « sciens et volens. »

Systèmes qui détruisent la liberté par voie de conséquence.

Le matérialisme, qui ne voit, dans ce que nous appelons l'âme ou le *Moi*, que l'ensemble des fonctions cérébrales, doit, par le fait, rester étranger à toute idée de liberté. Les forces du cerveau, comme toutes les forces physiques, se rattachent au déterminisme général de la nature. D'ailleurs, la *direction volontaire* ne pourrait être, dans ce système, qu'une *résultante* ; or, résultante et mouvement libre sont évidemment deux notions contradictoires.

Cependant, chose étrange, les Epicuriens, pour qui l'âme est un atome matériel, paraissent admettre la liberté et l'entendre comme nous l'entendons nous-mêmes : « *fatis avulsa voluntas*, » dit Lucrèce.

Les Panthéistes, soit qu'avec Parménide ils réduisent toutes choses à *l'unité idéale*, soit qu'avec Spinosa ils admettent une *substance unique*, dont les deux attributs premiers, la pensée et l'étendue, se manifestent par une infinite de *modes* qui sont eux-mêmes *étendue* et *pensée*, soit qu'avec les Stoïciens ils regardent le monde entier comme un grand corps, animé d'un esprit intérieur qu'ils ne peuvent distinguer du monde lui-même, les Panthéistes, quels qu'ils soient, ne peuvent reconnaître la liberté de *l'individu* : chaque individu humain, n'étant, d'après eux, qu'un mode ou une parcelle de l'ensemble, une manifestation du *tout*, ne saurait prétendre à aucune autonomie. Aussi bien Spinosa nous dit-il que toute la liberté de l'homme consiste à se *croire libre*.

Cependant, par une inconséquence déjà remarquée chez les Epicuriens, les Stoïciens, loin de nier la liberté, en exagèrent la puissance, prétendant qu'elle peut s'affranchir entièrement des mobiles inférieurs, et se constituer à l'état de perfection qui semble réservé à Dieu seul.

Enfin, nous verrons plus tard que la vraie liberté se trouve également détruite ou altérée, par voie de conséquence, dans la théorie de Malebranche dite des *causes occasionnelles*, et dans la théorie de Leibniz appelée *l'harmonie préétablie*.

Systèmes directement opposés à la liberté.

On appelle Fatalisme, la doctrine qui nous soumet à un *Fatum* inéluctable, de manière que tous nos actes, voulus en quelque sorte d'avance par une *force aveugle* qui nous domine, se présentent nécessairement chacun en son temps.

On appelle Déterminisme, la théorie qui soumet tous les phénomènes du moi à l'enchaînement de la cause et de l'effet, de sorte que chacune de nos déterminations a sa raison d'être, soit dans la prévalence des motifs, soit dans l'ensemble de nos dispositions naturelles comprises sous le nom de *tempérament* et de *caractère*, soit enfin, d'une manière plus générale, dans la succession nécessaire des phénomènes de la nature reliés entre eux comme chacun des anneaux d'une chaîne est relié au précédent.

Quelle est donc précisément la différence du Fatalisme et du Déterminisme ?

Dans le Fatalisme, tous les actes de l'homme sont décidés à l'avance par une puissance aveugle qui le domine, de manière que chacun de ses actes viendra se poser en son temps, en son lieu, sans que la volonté de l'homme y ait en rien coopéré.

De là, ce que les anciens appelaient le *sophisme paresseux* : on peut se croiser les bras et attendre, les destins s'accompliront. « C'était écrit, » disent les disciples de Mahomet.

Le *sophisme paresseux* s'appuie sur une supposition absolument contradictoire avec la doctrine fataliste elle-même : puisque tout est décidé, puisque tout se fera comme il est décidé, vous ne pouvez pas supposer le cas où les choses se feront quoique vous restiez inactif et immobile.

L'argument *paresseux* est peut-être plus incompatible encore avec la théorie *déterministe*.

D'après cette théorie, en effet, on ne peut pas dire : « quoi que je fasse, la chose arrivera, » puisque c'est moi qui *veux* mes actes, et que chacune de mes volitions fait partie de la série nécessaire des phénomènes. Ce n'est plus une Puissance supérieure à moi qui agit pour moi, c'est *moi* qui produis mon acte ; mais, cet acte, la délibération qui le précède, les motifs de la détermination, tout est emporté dans la causalité universelle. Telle volition doit venir à tel point de la durée, puisqu'elle est *l'effet* et le *conséquent* de telle autre volition, laquelle a elle-même sa raison d'être dans les états précédents du moi, et ainsi de suite à l'infini, de sorte qu'un acte *libre*, dans le sens ordinaire du mot, serait un *commencement absolu*, un effet sans cause, l'inintelligible, l'absurde réalisé.

On voit clairement en quoi diffèrent le Fatalisme et le Déterminisme, en quoi ils se ressemblent : dans l'une et l'autre théorie, *absolue négation* de la liberté.

Différentes formes de Fatalisme.

On peut distinguer le Fatalisme des anciens, le Fatalisme musulman, et le Fatalisme théologique, qui est fondé sur une notion fausse de la prescience divine.

Il est difficile de renfermer le Fatalisme des Anciens dans une formule précise. Tel qu'il nous apparait dans la tragédie antique, chez Eschyle, et surtout chez Sophocle, il n'exclut pas entièrement la liberté, puisque les personnages soumis à la Fatalité, comme Oreste et Œdipe, s'estiment pourtant responsables.

On pourrait dire, peut-être, que la Fatalité antique est l'expression, sous une forme exagérée, de l'action Providentielle contenue dans cette formule courante : « l'homme s'agite, et Dieu le mène. »

L'idée Fataliste des Musulmans ne se plie pas non plus aisément à une exacte définition, et, par conséquent, elle ne peut donner lieu, philosophiquement, à une discussion sérieuse.

Il en est autrement de la théorie Fataliste fondée sur la *prescience divine.*

Dieu connaît tout, l'avenir comme le passé, et sa science est infaillible ; Dieu sait donc infailliblement ce que je ferai dans un temps donné. Il s'ensuit que je ne puis dérouter ses prévisions, et que mon acte se présentera nécessairement au temps voulu et de la manière que Dieu a prévue.

Cette théorie ramène le sophisme paresseux avec toute l'absurdité de ses conséquences : il faut que les choses arrivent telles que Dieu a prévu qu'elles arriveraient, je n'ai donc à me préoccuper de rien ; croisons-nous les bras et attendons.

Je me promène à travers une forêt où des fondrières se trouvent cachées sous les broussailles et la mousse, je puis marcher en fermant les yeux : si je dois tomber dans une fondrière, j'y tomberai ; si je ne dois pas y tomber, je n'y tomberai pas, Dieu sachant de toute éternité ce qui doit m'arriver. — L'absurdité de ce raisonnement montre déjà l'absurdité de la théorie elle-même.

Nous la réfutons directement.

1° Quand il s'agit de difficultés qui ont rapport aux attributs de l'Essence divine, la raison humaine doit souvent recourir à une forme de raisonnement qui nous a été suggérée par Bossuet, à peu près en ces termes : Si deux vérités dont nous ne voyons point l'accord sont parfaitement démontrées l'une et l'autre, il ne faut pas cesser de les admettre par cela que nous ne comprenons point comment elles se concilient ; tenons fortement « les deux bouts de la chaîne. »

Or, la science infinie de Dieu est une vérité certaine et parfaitement démontrée ; d'ailleurs, la liberté morale est une vérité également claire, attestée par la conscience, et absolument indiscutable ; donc, alors même que je ne verrais pas, — ce qui est faux, — comment concilier ces deux vérités, ma raison me dit que je dois les admettre l'une et l'autre, l'une et l'autre étant certaine, et la vérité ne pouvant être en contradiction avec elle-même.

Ne pourrions-nous pas répondre à nos adversaires par un argument *ad hominem ?* Si les choses arrivent parce que Dieu les prévoit, l'influence de la prescience divine doit s'étendre, non seulement aux choses, mais encore aux circonstances et aux conditions dans lesquelles les choses se présentent. Or, ce n'est pas seulement mon acte que Dieu a prévu, mais encore la manière dont il se fera ; donc s'il a prévu que je ferai un acte *libre*, il faudra bien que mon acte soit *libre*, donc ma *liberté elle-même* est l'objet de la prescience de Dieu, et si Dieu prévoit que j'agirai librement, j'agirai librement.

2° Mais nous voyons suffisamment l'accord de la liberté humaine avec la prescience de Dieu.

La difficulté qui gêne ici l'intelligence, ou plutôt l'imagination, prend sa source dans une certaine confusion d'idées.

On suppose que Dieu *prévoit* ; or Dieu ne *prévoit* pas, il *voit*.

L'éternité, identique à l'Etre divin, est tout entière à la fois, « *tota simul*. » Dieu *voit* tout, le passé, le présent, l'avenir, d'une *même et unique intuition*, avec les différents rapports de succession inhérente aux choses soumises à la loi du temps.

Donc, en Dieu, il n'y a pas réellement « prévision, » mais « vision » ; et, de même que le spectacle n'est point modifié par le regard du spectateur, de même, la vision de Dieu n'influe aucunement sur mon acte : Dieu *voit* mes actes, *puisque* je les produis ; il serait absurde de dire : je les produis *parce que* Dieu les voit.

Si l'on veut ramener à cette théorie fataliste de la *prescience divine*, le *concours naturel* de Dieu dans tous les actes de la volonté humaine, nous ne dirons qu'un mot.

Le concours de la *Cause première* dans l'acte de la *Cause seconde*, loin de changer la nature de cet acte, lui assure, au contraire, son efficacité naturelle, en ce sens que Dieu concourt à l'acte libre pour *le faire acte libre*.

Un pas de plus, et nous sommes dans le domaine du Surnaturel.

Luther prétend que le péché originel a détruit le libre arbitre.

« La *Grâce nécessitante* » des Jansénistes le détruit d'une autre manière.

1° Le péché originel a jeté dans l'intelligence une certaine obscurité, incliné la volonté du côté des appétits inférieurs; mais cependant l'intelligence est restée capable de *saisir* le vrai, et la volonté, de *choisir* le bien.

2° La Grâce se plie à la nature de nos facultés, dont elle *aide* l'opération, éclairant la raison, fortifiant la volonté ; et, par conséquent, loin de détruire ou d'altérer la liberté, elle la développe et l'agrandit.

Différentes formes du Déterminisme.

Le déterminisme de la volonté est fondé, ou sur l'action prépondérante de la *raison*, ou sur l'influence du *tempérament* et du *caractère*, ou enfin sur le *déterminisme général* de la Nature.

1° Déterminisme de la raison.

Le déterminisme fondé sur l'action prépondérante de la raison, est souvent appelé déterminisme psychologique, ou *interne*.

Nous avons déjà discuté cette forme du déterminisme, lorsque nous avons montré le rôle exact des *motifs* dans l'acte volontaire.

Le déterminisme psychologique est précisément la théorie de Leibniz, appliquant, de la manière que l'on sait, à la détermination volontaire, le principe de *raison suffisante*.

En réalité, c'est la théorie de la *balance* qui cède au poids le plus lourd.

Rappelons-nous ce que nous avons dit plus haut sur la *prévalence des motifs*.

Video meliora proboque ;
Deteriora sequor.

2° Déterminisme du tempérament ou du caractère.

C'est un fait incontestable, que l'ensemble de nos dispositions physiques influe sur nos dispositions morales.

L'influence du *physique* sur le *moral*, qui fera bientôt le sujet d'une étude plus approfondie, a été reconnue de tous temps ; mais aussi, de tous temps, l'homme s'est attribué le pouvoir de réagir contre cette influence.

La conscience nous dit clairement que, si notre tempérament et nos inclinations naturelles nous sollicitent et nous inclinent dans un sens, nous pouvons résister et nous décider dans le sens contraire.

Quel tribunal sérieux admettrait l'excuse d'un coupable, qui rejetterait son crime sur l'influence de son tempérament et de ses passions ?

Nous savons tous que la vertu consiste précisément dans le triomphe de la volonté sur les impulsions inférieures du tempérament et du caractère. Ce que nous admirons le plus au monde, ce sont les luttes de ce genre où la volonté reste victorieuse. Suivre sa passion est de la lâcheté, résister à son tempérament est quelquefois de l'héroïsme.

Ce que nous appelons *tempérament*, Stuart Mill l'appelle *caractère* ; peut-être, toutefois, le caractère, chez Stuart Mill, implique-t-il l'ensemble de nos dispositions physiques et morales, fruit de l'hérédité et de nos propres œuvres : d'après lui, chacun se fait son caractère, ou, du moins, contribue à se le faire ; mais le caractère étant formé, toute la conduite de la vie s'ensuit nécessairement.

Donc, un caractère étant donné, toute la conduite est fixée d'avance, elle se développe comme un théorème de mécanique. « L'homme, dit M. Taine, est un théorème qui marche. » C'est encore à lui que nous devons cette énormité : « la nécessité fouette, et la bête marche, » et, — corollaire tout naturel, — « la vertu et le vice sont des produits comme l'huile et le vitriol. »

La conscience et la raison protestent contre la brutalité de ce langage.

Le vice et la vertu ne sont point le résultat fatal de notre organisation, mais l'œuvre consciente d'une activité libre qui se sait maîtresse d'elle-même, et, par conséquent, responsable.

Oui, notre constitution physique, nos inclinations personnelles ou héréditaires, nos associations d'idées, l'influence du milieu où nous nous sommes développés, entrent pour beaucoup dans les sollicitations de tout genre qui assiègent notre volonté ; mais le témoignage de notre conscience, et celui de toutes les consciences, représenté par les langues, les institutions civiles et politiques, la littérature et l'histoire, est là pour attester que l'on résiste à son tempérament, qu'on réagit contre sa nature, qu'en un mot on réforme son caractère.

Cette vérité est d'une telle évidence, que Stuart Mill lui-même, par une inconséquence heureuse, avoue qu'il ne va point jusqu'à prétendre que nous ne puissions réformer notre caractère. Cet aveu nous suffit, toute la liberté peut rentrer dans la conscience par cette porte entr'ouverte.

Il est, en effet, clair comme le jour, que nous modifions notre caractére, que, par l'énergie de notre volonté, nous arrachons notre personnalité aux fluctuations des passions, à la fatalité des milieux, et que nous nous constituons, par la vertu, de plus en plus libres. Quand la passion a parlé, quand la nature s'est fait entendre, le dernier mot reste à la volonté : « je veux, ou, je ne veux pas. »

Stuart Mill imagine une ingénieuse difficulté.

La conscience ne saisit que l'acte présent ; elle n'a donc pas droit de se croire libre par rétrospection, c'est-à-dire dans l'acte passé, pas plus que par prévision, dans l'acte futur. C'est donc bien à tort que l'on répète : « si c'était à refaire !... » Illusion. Il est vrai qu'actuellement, d'après mon état de conscience, je ferais ce que je dis ; mais je ne puis légitimement transférer au passé ou à l'avenir mes dispositions présentes.

Nous répondons à Stuart Mill : la conscience ne saisit pas seulement *l'acte présent*, mais encore, et avant tout, *l'activité libre elle-même*.

C'est ce pouvoir autonome, c'est ce moi permanent, qui est toujours, et à propos de tout phénomène psychologique, l'objet direct de ma conscience. J'ai conscience de pouvoir tirer du fond de mon activité un acte libre, de pouvoir le produire dans l'avenir, comme j'ai conscience de l'avoir produit librement dans le passé.

D'ailleurs Stuart Mill ne reconnaît-il pas lui-même *au Moi* le pouvoir de s'étendre dans le passé et dans l'avenir, dans le passé par la mémoire, dans l'avenir par l'attente, « expectation ? »

La liberté peut-elle se concilier avec le déterminisme général de la nature ?

Enfin l'on nous dit que nos actes sont soumis, comme tout le reste, au déterminisme général de la nature.

Tout s'enchaine dans la nature ; pas un phénomène qui n'ait sa condition et sa raison d'être dans un phénomène précédent. La liberté est donc un non sens. Un acte libre serait un phénomène en dehors de la série des phénomènes, un commencement absolu, un effet sans cause, un espèce de « Miracle. »

Disons d'abord, pour dégager le miracle de cette discussion, qu'il n'est point un effet sans cause, puisqu'il relève immédiatement de la Cause première.

Est-il vrai qu'un acte libre soit un commencement absolu, un effet sans cause ?

Si le Moi n'était qu'une collection de phénomènes, comme le veut l'école empiriste, chacun de ces phénomènes, ayant sa condition et sa raison d'être dans le phénomène précédent, se rattacherait nécessairement à la série des phénomènes de la nature ; mais le Moi est un être substantiel, une activité qui tire d'elle-même sa détermination et son acte : chacune des déterminations volontaires, provenant de la virtualité de la substance libre, ne rentre d'aucune manière dans la série des phénomènes naturels, et le principe d'après lequel « tout ce qui arrive a une cause, » loin de s'opposer à l'apparition d'un acte libre, trouve même dans la production de cet acte, ainsi que nous l'avons dit plusieurs fois, l'occasion de son éveil dans l'intelligence humaine.

On insiste, et l'on nous oppose les dernières conclusions de la Thermodynamique.

La chaleur se transforme en mouvement, le mouvement en chaleur, et la quantité de chaleur ou de mouvement restant toujours la même, « rien ne se crée, rien ne se perd, » je ne puis déployer une énergie qu'autant que l'ensemble mécanique des choses me fournit le calorique nécessaire.

La psycho-physique va plus loin. Elle prétend qu'à ma détermination interne correspond un certain mouvement cérébral, lequel est soumis à la loi de conservation des forces; par conséquent, ma détermination, bien que psychologique, est liée, par ses conditions physiologiques, au déterminisme général de la nature.

Sans nier aucune théorie scientifique, sans examiner jusqu'à quel point ce qu'on nous présente comme acquis à la science, est vraiment acquis à la science, nous ne voyons pas que le déterminisme général de la nature entraine le déterminisme psychologique de la Volonté.

Nos actes *internes*, quelles que soient les conditions d'ordre physique qui concourent à leur existence, proviennent d'une activité qui relève d'elle-même, qui trouve en elle-même son énergie et la source première de ses déterminations. Les déterminations de la volonté et les actes extérieurs qui en résultent, loin de troubler l'ordre général, s'accommodent, au contraire, admirablement à l'ensemble des choses.

Kant, pour soustraire, autant que possible, la

liberté aux exigences déterministes de son système, se fonde sur la distinction fameuse du *phénomène* et du *noumène*.

Tous nos actes étant, comme phénomènes, soumis aux conditions du temps et de l'espace, tombent nécessairement sous la loi du déterminisme universel ; n'y cherchons point le caractère de liberté, le *moi phénomène* n'est pas libre.

Mais nous concevons en dehors de l'espace et du temps, un *moi noumène*, qui, par un seul acte *extra-temporel*, se fait pour toujours librement une bonne ou une mauvaise volonté, un caractère *intelligible* bon ou mauvais, lequel marque ainsi, une fois pour toutes, du coin de sa propre moralité, toute notre conduite, dans son détail et dans son ensemble.

Quoi donc ! un acte mauvais en lui-même serait-il bon, et un acte bon en lui-même serait-il mauvais, parce que le premier correspondrait à un caractère intelligible *bon*, et le second à un caractère intelligible *mauvais* !

Conséquence bizarre et immorale !

Que le *fait de la liberté* paraît clair, lorsqu'on le met en face des théories qui le détruisent !

Quand Zénon d'Elée, par une série inextricable de raisonnements sophistiques, prouvait l'impossibilité du mouvement, Diogène, sans répondre, se mettait à marcher ; de même, à la négation de la liberté il suffit d'opposer un acte libre. C'est vraiment de cette question de la liberté, question si difficile et en même temps si simple, qu'il convient de dire ; le raisonnement en bannit la raison.

XIV

Les manifestations de la vie psychologique

les Signes et le langage.

La vie psychologique se compose d'émotions de tout genre, sensations et sentiments, d'idées et de volitions; elle se manifeste à l'extérieur par les signes et le langage.

Le signe différentes espèces de signes.

On appelle *Signe* toute chose sensible capable d'exprimer et de montrer à l'esprit une chose différente d'elle-même.

L'idée de *Signe* implique une chose qui *signifie*, une chose *signifiée* et le rapport de l'une à l'autre.

Le rapport du Signe à la chose signifiée est *naturel* ou *arbitraire*.

Ce rapport est naturel, quand le signe a par lui-même le pouvoir de *signifier*; ainsi la fumée est le signe *naturel* du feu.

Il est arbitraire ou conventionnel, lorsque cette vertu de *signifier* lui vient d'un accord, au moins tacite, entre les hommes ; c'est ainsi que l'olivier est le signe de la paix, et que le laurier signifie la victoire.

Le langage.

L'ensemble des signes, naturels ou arbitraires, à l'aide desquels les hommes se communiquent leurs pensées, leurs émotions et leurs volontés, s'appelle le langage.

Le langage naturel est un langage d'action ou un langage vocal.

Le langage naturel *d'action* comprend :

1° les mouvements des muscles du visage, et tout ce qu'on appelle le jeu de la physionomie ;

2° les mouvements du corps, principalement de la tête et des bras, tout ce qu'on nomme le *geste*.

Le langage naturel *vocal* est articulé ou inarticulé ; le langage inarticulé consiste dans les *cris*, le langage articulé s'appelle la *parole*.

1° Du langage naturel : ses caractères, son origine.

Le langage naturel est ainsi appelé, parce que, sans l'avoir appris, tout le monde l'emploie et et tout le monde l'entend.

Il est synthétique, pathétique, impérieux.

Synthétique : un seul coup d'œil, un seul mouvement des muscles du visage, suffira pour dire ce qui demanderait au langage parlé une longue phrase.

Pathétique : éminemment propre à l'expression des passions, il sera toujours plutôt la langue du sentiment que la langue des idées.

Impérieux : il montre avec une grande énergie d'expression les résolutions de la volonté.

Ce langage remplace, chez le sourd-muet, l'usage de la parole, et, perfectionné par l'art, il devient une des parties de l'éloquence.

Ce langage est-il vraiment *naturel* et *inné* ?

On nous dit que l'enfant n'entend pas ce langage avant de l'avoir appris : il voit qu'à tel mouvement des yeux et des bras correspond une disposition à caresser ou à frapper, et c'est ainsi qu'il arrive aisément à comprendre le geste.

L'école évolutionniste va même jusqu'à prétendre que le langage appelé *naturel* est, comme l'instinct lui-même, un fruit de *l'hérédité*.

Nous soutenons que ce langage vient réellement de la nature : *il est le même partout*.

Le langage *artificiel* consiste dans un ensemble de signes qui n'ont de valeur significative que d'après une entente commune entre les hommes. **2° Du langage artificiel ou conventionnel.**

Telle est la langue de l'algèbre, la langue de la botanique, la nomenclature chimique et la notation musicale.

On peut rapporter également au langage artificiel les signes plus ou moins convenus par lesquels le sourd-muet *apprend* à exprimer ses idées.

La parole est-elle un langage naturel, est-elle un langage artificiel ? **Le langage parlé est-il naturel ou arbitraire ?**

La parole est naturelle à l'homme en ce sens que l'homme a naturellement, au point de vue physiologique, c'est-à-dire dans la conformation de son organe vocal, et au point de vue psychologique, c'est-à-dire dans les tendances mêmes de sa vie rationnelle, une disposition innée à manifester extérieurement ses sentiments et ses pensées par la parole.

Mais le langage parlé, dans les formes si variées qu'il affecte, est-il, et jusqu'à quel point, naturel ou artificiel ?

Le problème ainsi posé se ramène à la question de l'Origine du langage,

Condillac attribue, en fait, au langage parlé une origine surnaturelle ; mais examinant la question au point de vue théorique et abstrait, il nous donne de l'origine possible du langage une explication de tout point conforme à son système empiriste. **De l'origine du langage. 1° Condillac.**

Il résulte de son hypothèse que les mots auraient une valeur absolument conventionnelle et arbitraire. Comme, d'après lui, il n'y a rien d'inné dans l'intelligence, les lois du langage et le choix des mots seraient le pur effet du hasard.

Deux enfants abandonnés après le Déluge, se font une langue comme ils peuvent et comme ils veulent. Evidemment les mots et le mécanisme de cette langue, tout est fortuit, et deux enfants placés en d'autres conditions auraient pu se faire une langue toute différente, quant aux mots et à l'enchaînement des mots.

Ainsi les hommes, à l'aide du langage naturel, si toutefois l'empirisme peut reconnaître l'innéité d'aucun langage, se seraient entendus pour former la parole, de manière que les langues auraient à peu près la même origine conventionnelle que la langue chimique, la langue de l'algèbre et la notation musicale.

Cette théorie « in abstracto » n'est d'aucune valeur. Il s'agit de savoir, non pas ce que le philosophe conçoit possible *a priori*, mais ce qui a dû être d'après les lois de l'esprit, les exigences de la sensibilité et la constitution physique de l'homme.

2° de Bonald ; langage, signe révélé.

M. de Bonald prétend que, sans la parole, l'idée ne peut se faire jour, qu'elle reste en germe dans l'esprit, ou plutôt qu'elle n'existe pas. « L'homme pense sa parole avant de parler sa pensée. » Ou cette phrase ne dit rien, ou elle veut nous faire entendre, — et telle est, en effet, la théorie de l'auteur de la *Législation primitive*, — que la parole est absolument nécessaire à la pensée, et qu'elle a sur la pensée une antériorité au moins logique.

Le premier homme n'a donc pensé que par la parole et à l'aide de la parole, ce qui implique évidemment la nécessité d'une révélation primitive du langage.

Dieu a révélé le mot *d'abord* ; donc il a dû révéler aussi la pensée. On ne voit pas comment le mot, vide par lui-même et insignifiant, aurait pu éveiller la pensée. Il fallait donc, de toute nécessité, que Dieu révélât avec le mot la pensée, ou la relation du mot avec la pensée, ce qui est la même chose.

Cette déplorable conséquence, qui nous ramène, ainsi que nous l'avons observé ailleurs, par un chemin tout nouveau, à la théorie de la *table rase*, porte avec elle sa condamnation.

3° Dans quel sens on peut admettre la révélation du langage.

L'intervention surnaturelle du Créateur dans la formation du langage, n'entraîne point nécessairement un tel excès.

La majorité des théologiens admettent, en effet, une certaine révélation de la parole, sans concevoir l'action divine comme l'entend M. de Bonald. Ils proclament *l'antériorité* de la pensée sur le signe, la faculté de penser indépendamment de la parole, tout en reconnaissant le concours surnaturel de Dieu dans le choix des expressions du premier homme, lesquelles, du reste, présentent, d'après la Bible, un caractère prophétique.

Mais, si Dieu révèle l'expression, il doit révéler également le rapport du signe à la chose signifiée, et la révélation de ce rapport n'implique-t-elle point la révélation de la pensée elle-même ?

Cette conséquence est fatale dans la théorie de M. de Bonald, parce qu'il suppose que le mot crée la pensée ; il n'en va plus ainsi lorsqu'on admet la priorité de la pensée sur le mot. L'homme pensait par lui-même, et par lui-même il cherchait l'expression juste ; seulement, le Créateur lui prêtait son concours dans ce choix, de manière qu'immédiatement l'homme parlait à mesure qu'il pensait. Ainsi, d'après la Genèse, Dieu fait passer les animaux devant Adam, « *ut videret quid vocaret ea.* » A la vue de l'animal, Adam se formait une idée, et de cette idée sortait un nom approprié ; mais nous croyons que Dieu éclairait et aidait l'intelligence du premier homme dans cette opération, qui paraît dépasser les forces naturelles de l'esprit humain.

4° Jouffroy, Max Müller; L'instinct de la parole.

De cette révélation du langage, dans le sens où nous l'entendons, se rapproche beaucoup, sous une forme qui exclut pourtant une intervention surnaturelle, la théorie de Thomas Reid, de Jouffroy et de Max Müller.

Ces philosophes, ou linguistes, disent avec nous que l'homme a *parlé* comme il a *pensé*, naturellement et immédiatement ; au secours spécial et surnaturel du Créateur ils substituent *un instinct inné* de la parole.

Mais cet *instinct inné* est-il autre chose qu'un don *particulier* du Créateur ?

De cette théorie, comme de la nôtre, il suit que la parole est naturelle à l'homme, et que l'homme a parlé en même temps qu'il a pensé.

De cette théorie, comme de la nôtre, il suit que le langage parlé n'est pas entièrement arbitraire, qu'il est fondé sur les lois natives de l'esprit humain, et que le choix des mots, du moins à l'origine, se modèle sur la nature de la chose telle qu'elle se peint dans l'idée, et sur les émotions de tout genre, plaisir et douleur, que l'homme peut éprouver.

Du reste, que le langage, dans sa formation première, soit plus ou moins l'expression naturelle, et non tout à fait arbitraire, de la pensée, nous pouvons peut-être dire que tous les philosophes l'admettent, à l'exception de Condillac, car de Bonald lui-même ne peut nier que Dieu, s'il révèle le langage, donne l'expression la mieux appropriée et la plus juste.

Platon, dans le Cratyle, parait enseigner, avec une exagération qui fait douter du caractère sérieux de son opinion, que toutes les racines des mots, même les lettres de l'alphabet, ont un sens naturel.

Au XVIIIe siècle, le président de Brosses développe scientifiquement la même idée.

5° Le langage, fruit de la nature et de l'élaboration; Herder, Maine de Biran.

Cette formation lente et progressive du langage, d'après les lois mêmes de l'esprit, les conditions physiologiques de l'organe vocal, et le besoin d'exprimer les idées et les émotions par un son qui en soit comme la reproduction et la peinture, enseignée par Herder, en Allemagne, chez nous, par Maine de Biran, est assez généralement admise aujourd'hui.

L'homme débute par des gestes et des cris ; les cris sont presque déjà des interjections qui expriment la joie, la douleur, l'admiration et le mépris.

Aussitôt que l'homme a saisi la valeur du *Signe* en lui-même, il le généralise et le multiplie. Ainsi nous voyons les enfants jeter des cris sans douleur, parce qu'ils ont remarqué le pouvoir de ce moyen pour attirer l'attention et les soins.

De là aux onomatopées, il n'y a plus qu'un pas. On désigne les choses, surtout les phénomènes naturels et les animaux, par des sons imitatifs, comme font les enfants qui désignent le chien par son aboiement.

Aussi toutes les langues ont-elles un fond primitifs de racines expressives par elles-mêmes. A mesure qu'on se rapproche des origines, on voit la forme sensible de l'idée mise en relief par des images et des métaphores ; c'est l'âge poétique des langues.

Peu à peu l'image fait place à l'idée abstraite,

la métaphore au sens naturel ; c'est l'âge de la prose, expression dernière d'une pensée qui s'analyse.

L'explication est très naturelle et très plausible; de plus elle se trouve parfaitement conforme à la loi de développement qui préside à tout ce qui est humain.

C'est à peu près ainsi que l'école Evolutionniste rend compte elle-même de la formation du langage ; mais n'oublions pas que, chez elle, tout vient par voie d'évolution, même la pensée. Il ne faut donc plus s'attendre à trouver là ce développement de la parole, à la fois libre et spontané, intelligent toujours, tel que peut l'entendre Herder ou Maine de Biran.

Volontiers donc nous admettrions, sinon en fait, du moins à titre de théorie générale, la formation laborieuse et lente du langage parlé.

Pourquoi à titre de théorie générale, et non en fait ? parce que, selon nous, la question de fait ne peut laisser aucun doute ; le premier homme a parlé comme il a pensé, immédiatement et de lui-même, en vertu de son aptitude naturelle, *aidée surnaturellement.*

Non pas qu'une révélation quelconque du langage soit enseignée d'un commun accord par les philosophes catholiques ; St Grégoire de Nysse dit expressément que le langage est d'invention humaine.

Cependant, même au point de vue exclusivement rationnel, on se demande si la formation lente et progressive du langage peut s'accorder avec l'idée qu'on doit se faire de l'acte Créateur, au premier moment. Est-il concevable que Dieu ait créé l'homme, son chef-d'œuvre, dans cet état d'infériorité et de misère, sans parole, l'obligeant ainsi, pendant des siècles peut-être, à communiquer avec ses semblables à l'aide de gestes et de cris ?

Il faut donc réellement admettre que l'homme a été créé *parlant* comme il a été créé *pensant* ; et cette spontanéité d'une parole qui se plie aux exigences de l'esprit, dépassant, croyons-nous, les forces humaines, nous devons y reconnaitre l'action directe de Dieu, aidant et éclairant la faculté naturelle.

Ensuite les langues se sont transformées sous l'influence des conditions dans lesquelles les hommes ont vécu. C'est dans le sens de cette évolution restreinte que nous pouvons dire avec Horace :

Ut silvæ foliis pronos mutantur in annos,
Prima cadunt ; ita verborum vetus interit ætas

De l'écriture.

Aux signes de la pensée ajoutons l'écriture, qui est la représentation *fixe* de la pensée ou de la parole elle-même.

M. de Bonald prétend que l'écriture nous vient de Dieu comme le langage parlé, donnant pour raison que « l'écriture est nécessaire à l'invention de l'écriture. »

L'exagération systématique saute au yeux ; inutile de nous arrêter à discuter cette étrange théorie.

L'écriture est d'invention humaine.

L'écriture est :

hiéroglyphique, si elle exprime les idées par des symboles, comme chez les Egyptiens ;

idéographique, si elle exprime directement l'idée, et non le son de la voix, comme l'écriture des Chinois ;

phonétique, quand elle peint la parole : decomposant alors les différents sons de la voix, à l'aide de voyelles et de consonnes, on l'appelle aussi *alphabétique*.

Les Grecs attribuaient, chez eux, l'invention de cette écriture, au moins en partie, à Cadmus le phénicien.

C'est de lui que nous vient cet art ingénieux
De peindre la parole et de parler aux yeux.

Les rapports du langage et de la pensée. Le langage est l'expression de la pensée ; il doit donc en suivre tous les mouvements.

La pensée a pour objet des substances, des modes et des relations ; le langage doit donc présenter des substantifs, des adjectifs et des prépositions.

Le jugement consiste dans l'affirmation d'un rapport ; le langage doit donc nous donner le moyen d'exprimer ce rapport ; c'est le verbe.

Les parties du discours que nous venons d'énumérer, étant fondées sur la nature même de la pensée, doivent se retrouver plus ou moins explicitement dans toutes les langues ; aussi forment-elles l'objet d'une science à part, la *Grammaire générale*.

La pensée subit bon nombre de modifications que les langues s'efforcent de rendre par les cas des déclinaisons, par les modes et les temps des verbes, par des adverbes, et de beaucoup d'autres manières, qui, étant spéciales à chaque langue, ne peuvent rentrer dans une théorie générale ; c'est ce qui forme l'objet des grammaires particulières, lesquelles sont des arts et non pas des sciences.

Ce qu'il importe surtout de remarquer dans cette étude des rapports du langage et de la pensée, c'est que langage est, non pas le *véhicule*, mais le signe de la pensée.

Celui qui parle n'a pas l'intention de faire *entrer sa pensée* à l'aide de la parole dans l'esprit des autres, il veut montrer aux autres ce qu'il pense, par des *signes*, et les autres, interprétant les signes avec leur esprit, conçoivent la même pensée et la jugent.

Le signe fait penser ; mais il ne crée pas la pensée.

Donc, de sa nature, la pensée est *antérieure* au signe, comme elle en est indépendante.

Condillac prétend que nous ne pouvons penser sans signe ; et nous avons dit comment M. de Bonald enseigne, de son côté, que la parole est la condition nécessaire de la pensée.

Qu'est-ce qu'un mot par lui-même ? rien, à moins qu'il ne soit pour nous un signe. Or, s'il est un signe, il *signifie* quelque chose. Le mot suppose donc la pensée, loin de se confondre avec elle, ou d'en être la condition indispensable.

La nourrice se contente-t-elle de faire résonner des mots à l'oreille de l'enfant ? Elle lui montre les différents objets qui l'entourent, et elle lui dit : arbre, pendule, oiseau.

L'enfant et le sourd-muet pensent avant d'avoir un langage.

Nous-mêmes, tous les jours, nous avons l'idée de beaucoup de choses qui, pour nous, restent sans nom.

D'ailleurs, qui ne voit combien la pensée dépasse l'expression ? Les mots ne rendent jamais complètement tout ce que nous avons dans l'esprit ; ils dessinent le contour général de la pensée plutôt qu'ils ne la montrent dans toute son ampleur. Et ceux qui nous écoutent, entendent souvent beaucoup plus que nous ne leur avons dit, et même notre idée, devenant la leur, prend une forme et des nuances qu'elle n'avait pas chez nous.

La parole est-elle nécessaire à la pensée ?

L'homme peut donc penser sans parole.

Sans parole, il peut avoir des idées abstraites, même des idées métaphysiques et morales, comme la distinction du bien et du mal et la connaissance de Dieu, telle qu'elle naît spontanément, dans l'intelligence, du retour de la pensée sur elle-même et de la contemplation du monde extérieur.

Cependant on enseigne assez généralement aujourd'hui que la parole, sans être absolument nécessaire à la pensée, doit pourtant concourir, de toute nécessité, à la formation des idées abstraites, surtout des idées générales, et que, par conséquent, un développement quelque peu scientifique et moral reste impossible sans le langage.

Et d'abord, comment se représenter et garder dans son esprit les résultats acquis à chaque étape de l'élaboration intellectuelle, si l'on n'a pas un mot pour les fixer ?

Nous répondons avec Aristote : « on ne pense pas sans image. » Par cette formule, il faut entendre la nécessité où nous sommes d'abstraire immédiatement l'intelligible des *données sensibles* présentes à l'imagination, et de revenir à *cette image*, toutes les fois que nous revenons à l'idée elle-même.

Voilà ce qui est vraiment nécessaire à la pensée, dans l'état d'union de l'âme avec son organisme ; mais la parole, qui ne peut d'aucune manière suppléer *l'image*, n'est point une condition *sine qua non* de la pensée, et même, sans la parole, l'homme peut atteindre un certain développement intellectuel et moral.

Ensuite on nous dit que, pour ce qui concerne les idées générales, les mots sont aussi nécessaires à leur formation et à l'usage qu'on en fait dans le discours, que la langue des nombres est nécessaire au calcul.

De même qu'il serait très difficile, sinon tout à fait impossible, de compter jusqu'à 20, s'il fallait ajouter l'unité à l'unité; de même, si pour exprimer le contenu d'une idée générale, il fallait énumérer et détailler sa compréhension, le discours ne finirait plus, et la pensée deviendrait impossible. Aussi, en mathématiques, fait-on des synthèses de nombres sur lesquelles on opère comme sur des unités; la numération devient facile et le calcul également. Les langues procèdent d'une manière identique: des synthèses de qualités ou d'attributs s'expriment par un mot, qui porte ensuite tout le poids de la compréhension de l'idée, de sorte que l'esprit, avec le mot qui dit *tout*, est dispensé d'appliquer son attention à chacun des éléments qui en font le contenu.

Si toute idée générale se formait en passant par les étapes successives de l'élaboration, telles qu'il convient de les reconnaître, au point de vue scientifique, dans la constitution des espèces et des genres, peut-être pourrions-nous admettre la nécessité d'un mot pour fixer l'idée, absolument comme cela se fait dans le langage des Classifications, dans la Nomenclature chimique et, si l'on veut, dans la langue des Nombres.

Mais, nous le répétons, en dehors de la science, les idées générales n'ont point l'origine qu'on leur attribue souvent, elles ne se forment point à l'aide d'une abstraction laborieuse, suivie d'une comparaison également réfléchie et voulue. Elles sont le résultat d'une opération naturelle et immédiate de l'esprit sur la donnée sensible ; la donnée sensible, ou *l'image*, suffit donc à leur expression : le mot ne s'impose de nécessité absolue, ni pour les former ni pour les conserver.

Sans doute, la réflexion pourra trouver dans le mot qui les exprime une certaine analogie avec la langue des nombres ; mais de cette analogie reconnue *a posteriori* on ne peut logiquement tirer aucune conclusion sur la formation de l'idée elle-même. La question est toute psychologique, et elle relève de l'observation.

Or que nous dit à ce sujet l'expérience ? elle nous dit que nous débutons par des idées générales, très confuses, il est vrai, et qu'avant d'individualiser sa pensée et son expression, l'enfant appelle tous les hommes « papa » ; c'est la réflexion de M. Janet.

On ajoute que les idées générales, ainsi formées à l'aide d'un signe et fixées par un signe, s'emmagasinent dans la mémoire où nous les retrouvons selon les besoins de la pensée. Le signe, portant l'idée, tient en partie lieu de l'idée, et c'est pour notre esprit un allégement ;non pas que le mot puisse être absolument vide comme un signe algébrique, mais l'idée s'efface à moitié sous le mot, et reste à l'état de sourde conscience.

Quand nous parlons, quand nous lisons, est-ce que, réellement, nous avons une conscience réfléchie de chacune des idées exprimées par chacun des mots ? non ; le mot supplée en quelque sorte l'idée, et l'esprit, soulagé de ce poids d'idées renfermées dans un discours, peut facilement s'appliquer à l'ensemble, sans être obligé de se préoccuper des détails.

Cette théorie très ingénieuse est-elle conforme à la réalité ?

Est-il vrai que le mot soulage l'esprit, et tient, dans une certaine mesure, la place de la pensée? Pourquoi serait-ce un allégement de penser des mots au lieu de penser des choses? Est-ce que le mot n'est point, au contraire, plus lourd que l'idée? Est-ce que, réellement, lorsque nous parlons ou que nous lisons, ce n'est pas le mot qui passe comme inaperçu, à l'état de sourde conscience, pendant que l'esprit est tout entier aux idées ?

Donc, encore une fois, la parole n'est point nécessaire à la pensée, même à la pensée réfléchie, même à la pensée scientifique.

Est-ce à dire que la parole n'est pas d'une très haute importance?

La parole est si importante, que, sans la parole, on ne conçoit pas l'état social, et par conséquent l'éducation de l'homme, qui est né pour la société, et qui n'atteint que par la société son entier développement intellectuel et moral.

Dans quel sens peut-on dire que les langues sont des méthodes?

Condillac, exagérant toujours le rôle du langage, prétend que les langues sont des méthodes ; et même, d'après lui, tout l'art de raisonner et la science elle-même se réduisent à une langue bien faite.

Ce qui est incontestable, c'est que le langage rend la pensée plus claire, plus précise, plus distincte. Nous le savons tous par expérience : une idée apparaît dans notre esprit, elle nous semble d'une grande clarté, mais aussitôt que nous voulons la plier aux lois du langage, nous voyons vite qu'elle est encore à l'état nébuleux, et c'est la nécessité où nous sommes de la fixer par l'expression qui lui donne sa clarté dernière.

En effet, parler, c'est analyser la pensée, afin d'en ranger tout le détail sous une suite de mots.

La pensée, tout d'abord, se présente d'une manière synthétique ; pour la parler, il faut la décomposer : il y aura un sujet, un verbe, un adverbe, une suite de propositions.

On peut donc, sans rien exagérer, soutenir que les langues sont des *méthodes d'analyse*, pourvu cependant qu'il soit bien entendu que c'est la pensée elle-même qui s'analyse pour se plier à la parole.

A un autre point de vue, on peut également affirmer que les langues sont des *méthodes de synthèse*.

Décomposer la pensée ne serait pas l'exprimer ; l'analyse ne se fait qu'en vue de la synthèse. Si, en effet, le langage décompose la pensée, afin de placer des mots sous les éléments de la pensée, il faut bien ensuite qu'il relie tous ces éléments épars ; c'est ce qu'il fait à l'aide des verbes, des prépositions, et par tous les moyens indiqués dans les syntaxes. Le mot *syntaxe* lui-même, σὺν τάξις est à peu près synonyme de synthèse.

Les langues sont donc pour la pensée des instruments de décomposition et de recomposition ; de cette vérité à l'exagération de Condillac il y a loin.

On raisonne avec des idées, et non avec des mots ; une suite de mots bien ordonnés ne signifie rien, si les idées elles-mêmes ne sont pas en ordre. C'est l'ordre des idées qui commande l'ordre des mots.

Mais comment donc une science pourrait-elle se réduire à une langue bien faite?

Rappelons-nous que, d'après Condillac, on ne pense pas sans signe; or l'identité du signe et de la pensée doit amener l'identité de la science et du langage, pouvu que le langage soit ordonné logiquement.

Du reste, pour Condillac, comme pour tous les Nominalistes, les mots qui expriment des idées générales ne sont que l'étiquette d'une collection; et comme une science est une suite d'idées générales qui s'enchaînent, la langue scientifique et la science elle-même, c'est tout un.

Condillac avait peut-être en vue la Nomenclature chimique, récemment inventée par Lavoisier. Cette nomenclature est vraiment une langue bien faite, et, pour qui sait l'entendre, elle est, en quelque sorte, la science de la chimie.

Cependant il ne faut pas s'y méprendre: ce n'est point à la perfection de la langue chimique qu'on doit la perfection de la chimie; c'est, au contraire, la perfection de la chimie qui a permis à Lavoisier de créer de toutes pièces une langue appropriée à cette science.

On peut dire seulement que le langage scientifique réagit sur la science elle-même, dont elle assure le développement et la perfection ultérieure.

Caractère général des langues.

Nous avons montré que toute langue est un instrument d'analyse et de synthèse, en ce sens que parler, c'est décomposer la pensée et la recomposer.

Mais, selon que dans une langue prédomine l'analyse ou la synthèse, on détermine le caractère général de cette langue en disant qu'elle est analytique ou synthétique.

Une langue synthétique renferme dans un seul mot plusieurs modifications de la pensée, tandis qu'une langue analytique donne le détail de ces modifications.

Le latin, par exemple, qui est synthétique, dira: «*sedi*», tandis que le français, qui est analytique, exprimera la même pensée en quatre mots : « je me suis assis. »

Les langues anciennes sont synthétiques, les langues modernes sont analytiques.

Il semble que les premiers hommes, ouvrant les yeux sur la nature, aient été frappés de l'ensemble ; ce n'est que peu à peu, et avec l'expérience des siècles, qu'ils sont descendus au détail. Le langage se trouve conforme à cet état psychologique de la pensée : on commence par la synthèse, on finit par l'analyse.

Le caractère synthétique d'une langue amène naturellement la possibilité de l'inversion. L'inversion est une synthèse : la pensée s'exprime dans l'ordre absolu de la conception. Dans les langues analytiques, au contraire, l'expression suit l'ordre logique de la pensée.

Le caractère synthétique des langues anciennes leur donne beaucoup de grâce, d'élégance et de souplesse, ce qui les rend éminemment propres à la poésie.

L'inversion, du moins en ce qu'elle a de plus hardi, est à peu près inconnue aux langues modernes. Cela vient précisément de leur caractère analytique : qui dit analyse, dit ordre logique de la pensée. Aussi les langues modernes, et en particulier la langue française, qui porte l'ordre logique au plus haut point, sont-elles d'une grande précision et d'une grande clarté ; elles se prêtent merveilleusement à l'expression détaillée des choses de la science et aux raisonnements philosophiques.

Caractères d'une langue bien faite.

Chaque langue a ses avantages et ses inconvénients ; mais chaque langue, étant propre à la tournure d'esprit du peuple qui la parle, est, pour ce peuple en particulier, la meilleure.

Cependant on peut regarder comme étant les conditions absolues d'une langue bien faite, la *précision* et *l'analogie*

Il y a *précision* dans une langue, lorsque chaque mot a un sens bien déterminé, qui ne permet pas qu'on l'emploie indifféremment pour un autre.

Si l'on en croit Fénelon, c'est une perfection pour une langue d'avoir des synonymes ; grave erreur ! Les synonymes n'enrichissent point une langue, ils y introduisent la confusion et gênent le discours sans l'embellir. Une langue est toujours assez riche, quand elle a le moyen d'exprimer nettement toutes les idées.

Du reste, on admet généralement aujourd'hui, comme nous l'avons dit ailleurs, qu'il n'y a de synonymes dans aucune langue. Chaque mot exprime une nuance particulière de la pensée, chaque mot a sa raison d'être.

Une langue réalise le caractère de *l'analogie*, lorsque, dans la formation des mots, dans ses déclinaisons, conjugaisons, etc., elle reproduit le vrai rapport des choses.

Ainsi les mots *faire, défaire, refaire*, sont formés d'après les lois de l'analogie.

On pourrait croire qu'il en est autrement des mots *penser et dépenser*, *lester et délester.*

Cependant si l'on remonte à l'origine de ces mots, on voit aisément que l'analogie préside à leur formation première; l'analogie semble disparaître à mesure qu'ils s'éloignent de leur source.

Enfin, pour satisfaire l'imagination et la sensibilité, une langue bien faite exigerait de l'éclat et de l'harmonie.

Une langue universelle est-elle possible?

Leibniz avait conçu le projet d'une *langue universelle,* au moyen de laquelle les savants du monde entier pourraient se communiquer leurs études et leurs découvertes.

Une langue universelle ainsi entendue, pourvu toutefois qu'elle n'ait point la prétention de substituer, comme la langue de l'algèbre, le signe à l'idée, ce qui rappellerait la tentative de Raymond Lulle, ne présente rien d'impossible.

N'avons-nous pas, à l'heure actuelle, un essai de ce genre assez original, dans cette langue, de valeur un peu problématique, à laquelle on donne le nom de Volapük?

Mais s'il s'agissait de créer de toutes pièces une langue, avec l'intention de la rendre vraiment universelle, il est visible que le rêve serait absolument irréalisable.

Une langue ne s'impose pas, au moins universellement.

Une langue naît spontanément, en quelque sorte, de certaines conditions psychologiques et physiologiques, lesquelles président à son développement et à ses transformations successives.

Un moment, par la force de la conquête, la langue de Rome fut la langue de presque tous les peuples civilisés; mais la loi d'évolution naturelle, suspendue un instant, reprit bientôt son allure, et peu à peu chaque peuple se tailla, pour ainsi dire, dans la langue commune, une langue particulière, mieux appropriée à son caractère, à son génie et à ses besoins.

Les inconvénients du langage.

Peut-on vraiment dire que le langage ait pour nous des inconvénients? N'est-il pas naturel à la pensée de prendre un corps, pour se conformer, autant que possible, à la nature même de l'homme, lequel n'est point une pure intelligence ?

Le langage, en effet, loin d'enlever quelque chose à la clarté de la pensée, ne lui communique-t-il point, au contraire, quelque chose de sa transparence ? Ne la contraint-il point à jaillir plus nette et plus précise, afin de s'ajuster, comme d'elle-même, à l'expression qui lui convient ?

Si donc le langage est souvent pour nous une occasion d'erreur, cela vient, non pas de la nature même de la parole, mais de la faiblesse de notre esprit, de la légèreté de notre imagination. Notre esprit s'exempte volontiers de la peine de réfléchir, volontiers notre imagination se repaît d'apparences. Tout ce qui brille l'attire. Des mots sonores et mal définis sont acceptés comme monnaie courante ; plus ils ont d'éclat, moins on les regarde de près.

Voilà ce que Montaigne appelle « la piperie des mots. »

Pour échapper à la fascination du langage, que faut-il faire ? Se rappeler que l'idée, étant, de sa nature, antérieure au signe, doit toujours conserver son antériorité ; donc, ramener les métaphores au sens propre et analyser les idées confuses. « Travaillons donc à bien penser, » dit Pascal ; la rectitude de la pensée fait en grande partie la justesse du langage.

Notions d'Esthétique

le beau et l'art.

L'esthétique est la science du beau.

Elle se propose de déterminer :

1° les caractères essentiels du beau,

2° les règles générales selon lesquelles le beau doit s'exprimer dans les arts.

Le mot *esthétique*, αἰσθάνομαι *sentir*, nous vient de Baumgarten, philosophe de l'école de Wolf, qui fait consister le beau dans l'impression sensible ou le sentiment.

Dans un sens tout autre, Kant a donné le nom *d'esthétique transcendantale* à la partie de la Critique de la Raison pure où il traite des conditions *a priori* de la perception externe.

Aujourd'hui, le mot Esthétique est universellement adopté pour désigner la *Science du Beau.*

L'Esthétique, encore incomplète et discutable, même dans ses principes, peut être cependant considérée, en elle-même, comme une science, puisqu'elle a pour but de donner les caractères absolus du beau, et de déterminer *a priori* les règles du goût, règles immuables et nécessaires. Il y a, en effet, un idéal absolu de beauté qui est le même pour tous les hommes, une règle absolue de goût sur laquelle on ne discute pas.

L'idée du *beau* est une de ces idées primitives que semblent naître spontanément du fond même de l'intelligence humaine, aussitôt qu'elle est mise en éveil par l'activité du moi et les phénomènes du monde extérieur.

Le *beau* n'est pas le *vrai*. Ce qui est vrai n'est point nécessairement beau, c'est à dire, une chose n'est pas belle par là même qu'elle est vraie.

Cependant on peut affirmer que la vérité est le fondement de la beauté, et qu'une chose n'est belle qu'autant qu'elle est vraie.

Rien n'est beau que le vrai.

Le vrai est donc la condition première de la beauté ; mais il n'est pas la beauté elle-même. Le vrai consiste dans une réalité, or toute réalité n'est pas belle. La vérité est dans le rapport des choses avec une intelligence, « Adæquatio intellectûs et rei » ; cette exacte équation de l'esprit et des objets n'offre par elle-même aucune beauté. Et pourtant nous ne concevons pas une beauté réelle qui ne repose en dernier lieu sur ce rapport absolu que nous appelons la vérité. C'est pour cela que, dans l'art, nous cherchons toujours une certaine vérité ; ce qui contredit les lois essentielles du *vrai* choque le goût et ne peut être appelé *beau*.

Le *beau* n'est pas le *vrai* ; il n'est pas davantage *le bien*.

L'idée du bien enveloppe une idée de perfection et non précisément une idée de beauté. *Le bien* est ce qui peut être une *fin* pour une volonté libre : de même que le *vrai* se rapporte à l'intelligence, *le bien* se rapporte à la volonté.

D'ailleurs, l'idée du *vrai* s'impose à l'intelligence comme une loi, l'idée du *bien* s'impose à la volonté comme une loi : il faut penser conformément au *vrai*, il faut vouloir conformément au *bien*.

L'idée du *beau* n'impose rien à l'esprit. Pur objet de contemplation, le *beau* laisse à l'âme toute sa liberté : l'esprit contemple, et la contemplation lui suffit, il ne va pas plus loin. L'émotion spéciale qui constitue le sentiment du beau est, de sa nature, exclusive de toute émotion étrangère : lorsqu'un sentiment d'ordre inférieur, tel que l'intérêt ou le désir, s'éveille en nous, l'émotion esthétique s'évanouit.

Le caractère distinctif du sentiment esthétique est donc le complet désintéressement de l'esprit qui contemple.

Toutefois, ces trois idées du *beau*, du *bien* et du *vrai*, ne vont guère l'une sans l'autre.

Nous l'avons dit, le *beau* ne peut se trouver que dans le *vrai* ; à plus forte raison ne doit-il se rencontrer qu'avec le *bien*. L'idée esthétique et l'idée morale sont deux idées sœurs, que les Grecs, nos maîtres dans les choses de l'art, n'ont point séparées. Chez eux, les mots καλός et ἀγαθός s'emploient souvent l'un pour l'autre, et l'on obtient, en les unissant, — « καλὸς κἀγαθός » — le type le plus achevé de la beauté morale.

Le *vrai* s'adresse à l'esprit comme objet de connaissance, le *bien* s'adresse à la volonté comme fin et but moral, le *beau* s'adresse à l'intelligence, à l'imagination et à la sensibilité, comme objet de contemplation pure.

Le *vrai*, le *beau* et le *bien* ont en Dieu leur réalité suprême. Dieu n'est pas seulement vrai, il est la Vérité, il n'est pas seulement bon, il est la Bonté, il n'est pas seulement beau, il est la Beauté.

Du jugement esthétique; en quoi peut consister le beau?

On voit aisément, d'après ce qui précède, sur quoi se fondent les jugements au point de vue moral.

Sur quoi se fondent-ils au point de vue esthétique ?

Nous disons : cela est *vrai*, cela est *bien* ; est-ce que nous ne disons pas également : cela est *beau* ?

La beauté consisterait-elle dans un certain accord des choses avec un principe absolu qui serait l'idéal du beau ?

Y aurait-il donc un idéal du beau, idéal unique, règle et mesure de toute beauté, physique, intellectuelle et morale, ou bien devrons-nous admettre un idéal propre à chacun de ces genres de beauté ?

Sans doute, il existe, comme nous venons de le voir, un type absolu du beau ; mais cet idéal divin, qui est la condition première et lointaine de toute beauté dans les choses, de tout jugement esthétique dans l'esprit, ne s'applique point directement comme règle. Il faut donc que l'esprit se fasse un type parfait en chaque ordre de choses, ou bien qu'il porte un jugement de beauté sans ramener d'aucune manière ce jugement à une règle, d'après la formule de Kant : « le beau est ce qui plait universellement, sans concept. »

Peut-on concevoir, en dehors des préoccupations systématiques du subjectivisme Kantien, un jugement universel qui n'ait pour base une notion universelle ? Comment une chose peut-elle plaire universellement, si elle ne représente des caractères de beauté admis universellement ? Le jugement esthétique n'est pas un jugement libre, Kant le reconnait ; donc il repose en dernier lieu sur quelque chose d'absolu.

Le beau a donc réellement un caractère objectif.

En vain Kant nous dira-t-il que le beau est « la forme de la *finalité* sans représentation de la fin », ce qui signifie que, dans la chose *belle*, tout est arrangé et ordonné comme en vue d'une fin, quoique la fin ou l'adaptation à la fin soit exclue de la notion de beau ; cette forme elle-même, représentation d'un ordre pur, d'une absolue variété dans l'unité, reste toujours une réalité en dehors de l'esprit qui contemple et qui juge.

Au reste, l'expression « forme de la finalité sans représentation de la fin » donne admirablement bien le caractère du beau.

Par là, en effet, se trouve reléguée en dehors du beau toute idée pratique, toute préoccupation d'utilité. La fin fait songer aux moyens et suggère l'idée *d'utile*. Or le beau ne saurait être un moyen, il ne peut être utile en tant que beau. Kant nous dit encore très justement : « le bèau est l'objet d'une satisfaction libre de tout intérêt. »

Le beau n'est donc pas l'utile, et il n'est rien de ce qui se rapporte à l'utile.

Il ne peut davantage consister dans l'agrément, — tout ce qui est agréable n'est pas beau, — ni dans une impression sensible, ni dans un sentiment, si élevé qu'il soit, comme l'ont prétendu Hutcheson et Smith.

Où donc trouverons-nous la raison formelle et objective du beau ?

Dirons-nous, d'après une définition célèbre attribuée faussement à Platon, que « le beau est la splendeur du vrai » ?

Peut-être eût-il été plus conforme au génie Platonicien de substituer le Bien au Vrai, et de dire : « le Beau est la splendeur du Bien. » Le Bien, chez Platon, n'est-il point l'absolu de la perfection dans l'Être divin, et, par conséquent, le principe et l'exemplaire de toute beauté ?

La variété dans l'unité et *l'unité dans la variété*, telle est pour St Augustin la condition essentielle et fondamentale du beau.

Kant vient d'exprimer la même idée : « le beau, dit-il, est la forme de la finalité » *La forme de la finalité* ne peut être que l'arrangement du multiple en vue de l'unité ; or l'unité procédant du multiple est précisément l'unité dans la variété. Et ailleurs, le même philosophe ramène cette théorie au subjectivisme, en disant que le beau résulte du sentiment qui provient de l'imagination percevant la variété, et de l'esprit percevant l'unité, et du plaisir qu'éprouvent ces deux facultés de se trouver d'accord.

Cependant, au point de vue objectif, toute unité dans la variété n'est pas belle, autrement il faudrait prétendre que tous les êtres de la nature sont beaux.

St Thomas renouvelle l'idée de St Augustin et la complète : à *l'unité dans la variété* il ajoute *l'éclat*.

L'unité dans la variété serait le fondement du beau, sa matière pour ainsi dire ; l'éclat ou la splendeur en serait la forme.

Nous pourrions alors définir le beau : le resplendissement de l'unité dans la variété.

Mais l'unité dans la variété, ou, d'après Kant, la forme de la finalité sans représentation de la fin, c'est *l'ordre*.

La splendeur de l'ordre serait donc la vraie définition du beau.

Cette définition s'applique très exactement à tous les genres de beauté.

La beauté physique est-elle autre chose qu'une harmonie de proportions qui éclate aux yeux ?

Est-ce que, pour les œuvres de l'esprit, le resplendissement de l'unité dans la variété n'est pas le cachet suprême de la perfection?

Enfin, le concours de toutes les énergies d'une volonté libre à l'unité de la loi du bien, n'est-ce pas la beauté morale?

Pour Victor Cousin et Jouffroy, le beau consisterait dans l'expression d'une force qui se deploie dans le calme de sa liberté ; voyez un chêne vigoureux avec tous ses rameaux !

Par contre, nous verrions le *joli* dans l'expression de la spontanéité ; n'appelons-nous pas jolies les choses petites, non encore arrivées à leur complet développement ? Le joli, c'est presque le naïf : un jeune arbrisseau, un jeune enfant.

Le *sublime* sera-t-il un degré de la beauté, ou ferons-nous du *sublime* un genre à part ?

Le sublime est un genre à part, si l'émotion de l'âme qui répond au sublime, n'a par le même caractère que le sentiment du beau.

Il en est ainsi. Le beau fait naître dans l'âme une émotion douce et calme, le sublime y jette une sorte de trouble et d'épouvante.

Le sublime serait donc l'expression de *l'infini* dans *le fini*, comme si l'impuissance du symbole écrasait la pensée. Peut-être pourrions-nous ajouter que le sublime est le resplendissement d'un ordre supérieur dans un désordre apparent ; la pensée, saisissant à la fois le contraste et l'accord, se trouve à la fois confondue et ravie. C'est le « qu'il mourût » du vieil Horace. Ce mot tombe subitement comme l'expression d'un désordre naturel nous révélant un ordre moral infiniment supérieur.

L'art.

Un art, dans le sens vulgaire du mot, est un ensemble de moyens fournis par l'expérience, à l'aide desquels on produit certains objets en vue de l'utilité pratique. — Cette définition convient aux arts de l'industrie, aux arts mécaniques, appelés ordinairement des métiers.

Les arts proprement dits sont d'une tout autre nature.

Eminemment libres, ils sont l'occupation libérale de l'esprit en dehors de toute visée pratique, de toute utilité matérielle : *artes liberales, artes ingenuæ*, disent les latins.

Les arts sont, en quelque sorte, le luxe de l'esprit ; mais de ce luxe on ne peut se passer. C'est en songeant aux arts qu'on a pu dire : il n'y a rien de plus indispensable que les choses inutiles.

L'art peut se définir : l'*expression libre du beau*.

L'art est libre ; il a donc sa fin en lui-même. S'il cherche sa fin hors de lui, alors il déroge et devient un métier.

En disant que l'art a sa fin en lui-même, voulons-nous justifier la fameuse théorie de *l'art pour l'art*, ce qui serait livrer l'expression du beau au caprice de l'imagination, et la soustraire à la sanction de la loi morale ?

Telle n'est point notre pensée.

De la moralité dans l'art.

L'art doit s'en tenir à l'expression du beau, sans préoccupation ultérieure d'utilité, d'intérêt ou de passion ; cependant il n'oubliera jamais que le bien et le beau sont deux idées sœurs, et que, par conséquent, pour atteindre le *beau*, il faut respecter la loi du *bien*.

L'art qui pèche contre les règles de la moralité manque à sa mission et se déshonore lui-même.

Bien plus, l'art qui blesse la morale blesse le goût. Le sentiment du beau est un sentiment pur, calme et désintéressé, et c'est même parce qu'il n'est compliqué d'aucun intérêt, qu'il reste calme et pur. Aussitôt que l'art parle aux passions, le sentiment esthétique s'évanouit, la contemplation sereine de la beauté fait place à des émotions vulgaires.

De l'imitation et du réalisme dans l'art[1].

Ailleurs nous avons dit que l'art n'est pas une vaine imitation, que l'artiste ne se contente point de reproduire trait pour trait les choses de la nature, mais qu'il est vraiment créateur, s'efforçant de vaincre la nature elle-même, au point de vue de l'effet esthétique.

Toutefois l'art est fondé prémièrement sur *l'imitation*, comme Platon et les anciens en général l'ont reconnu. Dans l'imitation toute seule il y a déjà un charme.

Il n'est point de serpent, ni de monstre odieux,
Qui par l'art imité ne puisse plaire aux yeux.

Ce degré inférieur de l'art, qui consisterait dans la simple imitation, n'est donc pas exactement ce qu'on appelle aujourd'hui le *réalisme*.

Le *réalisme* dans l'art est une tendance à reproduire servilement les détails vulgaires, que l'art véritable a l'habitude de cacher ou de négliger.

Le réalisme, comme son nom l'indique, émet la prétention de repousser l'idéal et de s'en tenir à la *réalité*; mais les lois de l'esprit sont plus fortes que le système, et l'idéal, chassé sous une forme, reparait sous l'autre : à l'idéal de la beauté succède l'idéal du trivial, du vulgaire et du laid.

Ce Naturalisme dans l'art est donc le contre-pied de l'art véritable.

A quoi bon cette étude minutieuse et repoussante de ce qu'on appelle « le document humain ? »

On pourra fournir à la curiosité une pâture malsaine, on ne fera jamais une œuvre d'art.

Du goût dans les arts; le sens du beau.

Le goût esthétique est la raison elle-même en ce qu'elle a de plus délicat, mais la raison unie à l'imagination et à la sensibilité.

Pour goûter les œuvres d'art, il faut avoir en soi quelques-unes des qualités qui font l'artiste, l'imagination, la sensibilité, un esprit délié et un jugement sûr. Celui qui, de plus, a conscience de pouvoir réaliser le beau qu'il conçoit, dans une chaleur d'imagination et un élan d'enthousiasme qu'on appelle l'inspiration, celui-là n'est pas seulement un homme de goût, un juste appréciateur, c'est un artiste ou un poète.

On comprend que le goût esthétique ait été nommé parfois le sens du beau.

Non pas qu'on puisse réellement admettre un sens du beau ; ce serait livrer la notion du beau aux fluctuations de l'impression sensible, mobile et instable comme la sensibilité elle-même.

Il ne peut y avoir un sens esthétique, non plus qu'il ne peut exister un sens moral.

Ce qui prête à l'illusion de Hume, et de l'école Ecossaise chez Smith et Hutcheson, c'est que la notion intellectuelle du beau, comme la notion du bien, est toujours accompagnée d'un état psychologique à part, qu'il faut rapporter à une forme supérieure de la sensibilité.

La vue du beau fait naître la joie de l'esprit, l'amour pur et désintéressé, l'admiration, l'enthousiasme, comme le bien dans la conscience produit la paix intérieure, la joie de l'âme, l'estime de soi, avec des élans d'espérance vers la vie future.

De l'art au point de vue du perfectionnement moral.

Rousseau a prétendu, — et ce fut son premier paradoxe, — que les arts contribuent à dépraver l'homme.

Les arts, il est vrai, sont, à leur manière, l'expression d'une société : ils reçoivent d'elle la dépravation, et ils la lui rendent. Le spectacle que Rousseau avait sous les yeux pouvait ainsi justifier, au moins en partie, le paradoxe de sa thèse.

Mais les arts, par eux-mêmes, loin d'être corrupteurs, peuvent contribuer au développement moral de l'humanité.

Nous avons dit comment l'idée du beau est inséparable de l'idée du bien, et comment un art qui déprave, n'ayant plus en vue exclusivement l'effet esthétique, la contemplation pure et désintéressée de la beauté, n'est plus, en réalité, un art.

L'art véritable élève l'âme, la détache des préoccupations vulgaires, la rend capable d'admiration et d'enthousiasme, en dehors de toute passion et de tout intérêt.

Admirer, c'est déjà imiter : on se hausse, pour ainsi dire, afin de se mettre au niveau de ce qu'on admire : « l'âme, dit Plotin, ne perçoit le beau qu'en devenant belle. » Quand on lit Corneille, on se sent plus grand et plus pur. L'âme éprise des choses belles se plaît sur les hauteurs : « la contemplation du beau, dit Aristote, est une vie divine. »

Cependant, il ne faut pas oublier que le domaine de l'art est, avant tout, le domaine de l'imagination.

Sous prétexte de vocation artistique, gardons-nous de sacrifier à la fantaisie le bon sens, au superflu, si indispensable qu'il soit, le nécessaire, aux préoccupations de l'artiste les devoirs sérieux de l'honnête homme.

Classification des arts

Victor Cousin a classé les arts d'après leur pouvoir d'expression.

Allant des arts les moins expressifs aux plus expressifs, nous avons :

l'art des jardins,
l'architecture,
la sculpture,
la peinture,
la musique,
la poésie.

La poésie est donc le plus expressif et le plus parfait de tous les arts.

Elle a, pour ainsi dire, les qualités de tous les autres.

Comme la peinture, elle présente à l'imagination une variété de couleurs; comme la sculpture, elle projette, en quelque sorte, les choses dans l'espace; comme la musique, elle a le rythme et la cadence; comme elle aussi, elle excelle à rendre les sentiments vagues et profonds.

XV

Rapports du physique et du moral.

Influence du physique sur le moral.

L'union de l'âme et du corps, dont nous étudierons bientôt la nature, donne lieu à une concordance d'action ordinairement désignée sous ce titre : Influence du physique sur le moral, influence du moral sur le physique.

Les facultés intellectuelles chez l'enfant apparaissent et se développent à mesure que se forme et se développe son organe cérébral.

Avec l'âge les facultés se modifient, la mémoire sensible sera moins prompte, l'imagination moins vive, et la vieillesse amènera peut-être, avec la débilité du cerveau, une faiblesse d'esprit où l'on retrouvera les tristes symptômes d'une seconde enfance, qui n'aura rien des charmes de la première.

Point de sensation, point de pensée : l'exercice des facultés sensibles, en particulier de l'imagination, est la condition indispensable des opérations de l'intelligence.

Le langage lui-même, si utile à la formation de la pensée, si nécessaire à son développement et à sa conservation, n'appartient-il pas en partie au côté physique de notre nature ?

Outre cette influence générale de l'organisme, que d'influences particulières !

L'état de santé, le sexe, le tempérament, le climat, agissent sur l'état mental et le modifient. Une mauvaise digestion trouble la pensée. La maladie anéantit les facultés ou les surexcite. Un coup violent sur la tête peut causer la folie. Qui ne connaît l'effet des narcotiques sur les facultés intellectuelles ?

Et les phénomènes dus au magnétisme, à l'hypnotisme, où l'on voit une intelligence et une volonté entièrement dominées par une intelligence et une volonté étrangères, à l'aide de moyens sensibles et d'une action directe sur le cerveau, ne prouvent-ils pas, à leur manière, la grande influence du physique sur le moral ?

L'école matérialiste, toute préoccupée de ne trouver partout que la matière et ses lois, exagère l'influence du physique au point de supprimer le moral. Croyant constater que ce que l'on désigne ordinairement sous le nom de côté moral de notre être est en rapport exact avec l'action de l'organisme, elle se hâte de conclure, contre toutes les lois de la logique, que les opérations appelées intellectuelles ne sont autre chose que les fonctions cérébrales déterminées par l'action des cellules nerveuses.

Mais le paralogisme est trop évident. De ce qu'il y a influence du physique sur le moral, la logique conclut à la concordance du moral et du physique et non pas à la suppression du rapport.

Il y a, du reste, suivant l'expression de M. Janet, « un revers à la médaille ; » si l'influence du physique sur le moral est incontestable, l'influence du moral sur le physique ne l'est pas moins.

Influence du moral sur le physique.

Nous avons dit que l'intelligence se développe parallèlement avec l'organisme. Il faut ajouter que, de temps à autre, l'intelligence réagit puissamment sur l'organisme cérébral, qui est son instrument naturel.

Dirons-nous, en effet, que la force intellectuelle est toujours en raison directe de la force physique, ou même du développement cérébral ?

Très souvent, au contraire, nous voyons une puissante activité d'esprit dans un corps débile. Sans doute le cerveau, organe spécial des facultés qui ont pour rôle de servir l'intelligence, doit demander un certain développement pour être apte à ses fonctions. Mais c'est dans la délicatesse et la perfection de son organisme intime qu'est toute sa valeur : les expériences faites sur le volume n'ont rien amené de concluant.

L'esprit réagit tellement sur l'organe, que l'on voit des vieillards chez qui l'âge, loin de produire la décrépitude, semble au contraire fortifier et rendre plus lucides les facultés de l'esprit.

Mais c'est avant tout au point de vue strictement moral que se présente, dans tout son jour, l'action prépondérante de l'âme sur le corps. L'âme commande au corps, et telle est son influence, que souvent un organisme débile et mourant devient capable d'actions héroïques.

La médecine, même celle qui se tient en garde, de la manière la plus jalouse, contre l'intrusion de la métaphysique, trouve dans la volonté, dans l'état moral du malade, un moyen puissant de soulagement, d'amélioration, et quelquefois de guérison.

Un bon espoir rend la sérénité au visage du malade, et souvent la présence du médecin qui rassure, fait plus de bien que le remède lui-même.

Le tempérament et le climat influent sur la pensée et sur le caractère ; mais qui ne voit combien fortement réagit la volonté contre ces influences extérieures ?

Socrate, d'un tempérament enclin à tous les vices, devint d'une modération exemplaire.

Saint François de Sales, par nature sujet à tous les emportements de la colère, se montra le plus doux des hommes.

Les climats donnent une certaine teinte à l'imagination. Ils ont sur les sens une action incontestable ; mais il est évident que l'homme, par sa volonté, contrebalance cette action ; n'a-t-on pas remarqué que, de tous les êtres de la création, c'est sur l'homme que les climats ont le moins de prise ?

Si maintenant nous entrions dans les détails, combien de faits ne trouverions-nous pas où se manifeste l'influence du moral sur le physique, de l'âme sur le corps !

On nous parle à l'oreille, nous éprouvons une émotion.... nous nous mettons à courir : un seul mot produit cet effet. Quel rapport y a-t-il entre l'air agité par l'organe vocal et cette émotion intérieure ou ces mouvements précipités?

Enfin les phénomènes de l'hypnotisme et de la suggestion mentale prouvent encore mieux l'action du moral sur le physique, qu'ils ne montrent l'influence du corps sur l'âme.

XVI

Eléments de psychologie comparée.

L'homme et l'animal.

Les beaux résultats de la méthode comparative dans le domaine de l'anatomie et de la physiologie, ont suggéré aux philosophes l'idée d'appliquer cette méthode à la psychologie expérimentale.

Dans l'anatomie et la physiologie la méthode consiste :

1° à suivre un organe dans son développement, depuis l'état embryonnaire jusqu'à l'état adulte;

2° à étudier cet organe dans des espèces différentes, par exemple, dans le poisson et dans l'oiseau.

En psychologie, la méthode comparative consisterait donc,

1° à prendre les facultés du *moi* dès leur origine, au moment de leur apparition chez l'enfant, pour les suivre jusqu'à leur développement achevé dans l'âge mûr, et leur déclin dans la vieillesse;

2° à chercher quelle modification peut introduire dans l'âme humaine l'état de civilisation, par opposition à l'état sauvage ;

3° à considérer les rapports du physique et du moral dans les états pathologiques de l'esprit ;

4° à étudier parallèlement l'homme et l'animal dans les manifestations de la vie sensible.

1° L'enfant, l'homme mûr et le vieillard.

Le petit enfant est entièrement absorbé par les fonctions vitales, il ne manifeste pas autre chose que ce qui appartient en propre à la sensibilité physique.

Peu à peu l'intelligence se dégage, l'enfant regarde, il écoute; c'est alors que la mère peut saisir dans les yeux de son enfant et sur ses lèvres ce qu'on peut vraiment appeler le signe évident de l'intelligence, le sourire.

Incipe, parve puer, risu cognoscere matrem.

A mesure que l'enfant s'ouvre à la vie rationnelle, on voit décroitre, chez lui, la domination de la vie animale.

Une certaine prépondérance de la raison marque le commencement de la jeunesse.

L'âge mûr décide enfin la victoire en faveur de la raison.

A l'approche de la vieillesse, un déclin se manifeste dans les facultés sensibles.

Il s'accuse plus fortement dans la vieillesse, et s'il atteint les centres nerveux, en particulier le cerveau, c'est l'affaiblissement de l'esprit, la décrépitude.

L'homme à l'état sauvage.

L'état psychologique où s'arrête le sauvage est, pour ainsi dire, une enfance continuée. Le sauvage est un grand enfant. Il n'aime que ce qui frappe les yeux; comme l'enfant, il recherche les couleurs voyantes, les verroteries. Ses idées ne s'étendent guère au-delà de ses besoins physiques. Enfin, comme l'enfant, le sauvage est sans mesure dans ses accès de cruauté.

Ce n'est pas que nous méconnaissions, chez le sauvage, le sentiment de la famille et le sentiment religieux ; mais là encore le sauvage garde les instincts et la manière d'agir des enfants . il recherche les amulettes et les fétiches.

Au point de vue physique, le sommeil, sans interrompre les fonctions vitales, opère une détente dans le système nerveux et dans les muscles.

L'état de sommeil, le rêve, le somnambulisme.

Au point de vue psychologique, l'état de sommeil est caractérisé par une diminution notable des opérations sensibles et des fonctions motrices.

Loi générale : tout ce qui tend à amoindrir la sensibilité, à soustraire les sens à l'action des choses extérieures, nous dispose au sommeil. Il semblerait donc que le sommeil serait une abolition incomplète des fonctions cérébrales.

Nous disons *incomplète*. Ce qui prouve en effet que ni l'organisme ni l'âme ne sont dans un sommeil complet, c'est le *rêve*.

Le rêve est une certaine imitation vague de l'état de veille. Il s'en distingue surtout en ce que, dans le rêve, rien d'extérieur ne correspond aux phénomènes internes. Le rêve est un panorama en dedans. Absence de perception extérieure, absence de direction volontaire, voilà tout ce que nous savons du rêve. Il semble que l'imagination, sous l'influence des fonctions vitales, se maintienne dans un certain état de veille : livrée à elle-même, sans le contrôle de la raison, elle laisse aller, au hasard de l'association, et comme elles veulent, les images dont elle est peuplée.

L'état de rêve, comme l'état de veille, est donc soumis aux lois de l'association des idées.

Le somnambulisme est un rêve joué à l'extérieur. Le somnambule, dormant et rêvant, exprime au dehors toutes les phases de son rêve.

Ce genre de sommeil a cela de spécial,

1° que la faculté motrice est en pleine activité, qu'elle est même capable, dans son exercice, d'une précision inconnue à l'état de veille;

2° que le somnambule, sortant de son rêve, en a perdu tout souvenir, comme si le rêve du somnambule était une vie à part.

Généralement, en dehors de son rêve, le somnambule n'entend rien ; mais parlez-lui de l'objet de son rêve, entrez dans son rêve, il vous écoute, il vous suit, et ainsi, par suggestion, vous donnez à son rêve une direction nouvelle.

Le somnambulisme dont nous venons de parler est un cas pathologique : il provient d'une disposition maladive des organes.

Il y a un somnambulisme artificiel, appelé aujourd'hui *hypnotisme*, qui est le résultat de passes magnétiques, de l'attouchement ou du simple regard d'un opérateur. Celui-ci tient le sujet à sa discrétion tout le temps que dure le sommeil, lui suggérant son rêve, et disposant de sa volonté de telle sorte que, même après le réveil, *l'hypnotisé* exécute, sans le savoir, ce qui lui a été suggéré.

Bien qu'on prétende avoir déterminé les *conditions* de l'hypnotisme, lequel serait donc, par le fait, désormais entré dans la science, la *cause* de ces phénomènes reste toujours inconnue.

A quels abus déplorables peut donner lieu une pratique qui consiste à enchaîner fatalement à la sienne une volonté étrangère, tout le monde le voit aisément ; du reste, les sujets les mieux disposés à subir cette action du dehors sont, en général, des natures maladives, déjà sujettes à des aberrations cérébrales, et l'hypnotisme, quand il ne provient pas de la folie, y mène presque toujours.

Il ne faut pas confondre l'état pathologique du somnambule et de l'hypnotisé avec l'état vraiment extatique et surnaturel d'une âme que Dieu ravit sous l'impression de sa grâce.

L'extase surnaturelle est belle et rayonnante, elle s'accomplit sans peine et sans fatigue, rien de violent ne s'y remarque. Dans cet état, l'exercice des facultés sensibles parait suspendu ; mais l'âme reste en possession d'elle-même, et quand elle revient à la vie ordinaire, elle a plein souvenir des choses merveilleuses qui se sont accomplies en elle.

Hallucination et folie.

Quand la perception des sens a lieu d'une façon régulière et normale, bien que se faisant *du dedans* en *dehors*, elle a pour condition une action du *dehors en dedans* : l'objet extérieur agit sûr l'organe, dont l'impression se communique aux centres nerveux ; après, il y a réaction des centres nerveux, et l'objet est perçu dans sa nature propre.

Si les centres nerveux entrent en fonction d'eux-mêmes, sous une influence morbide quelconque, sans aucune action du monde extérieur, c'est à dire si la réaction du dedans en dehors se fait sans avoir été provoquée par une action du dehors en dedans, il y a *hallucination*.

Dans l'hallucination, la perception est donc interne, et le phénomène est tout subjectif.

L'halluciné est obsédé par les visions de son cerveau malade ; ordinairement il connait son mal et son illusion. Mais si l'esprit de l'halluciné arrive à ne plus distinguer l'illusion de la réalité, il y a folie.

La folie semble consister, au point de vue psychologique, dans un état de déraison habituelle qui remplace l'état normal de l'individu.

Toutefois, la folie n'exclut pas totalement la raison : on voit des fous qui raisonnent d'une manière sensée jusqu'à ce qu'ils touchent à un certain point, toujours le même ; c'est ce qu'on appelle la *monomanie*.

Quand la déraison se montre dans l'ensemble des actes intellectuels, il y a *manie*.

Quand la déraison est très profonde, on l'appelle *démence*.

Quand enfin toutes les facultés sont, pour ainsi dire, atrophiées, il y a *idiotisme*.

La folie s'appelle encore aliénation mentale.

En effet, le fou a perdu la direction de sa personnalité, il est, en quelque sorte, étranger à lui même, *alienus*. Aussi peut-on remarquer, chez les aliénés, une tendance à se servir du pronom *il* au lieu du pronom *je*. La même locution se rencontre chez l'enfant. Si elle montre, dans la bouche de l'aliéné, qu'il ne se possède plus, n'indique-t-elle point, dans celle de l'enfant, qu'il ne se possède pas encore?

A quelles causes attribuerons-nous la folie?

La folie accuse avec une évidence indéniable l'influence réciproque du physique sur le moral et du moral sur le physique.

Tantôt la folie provient d'une altération de l'organe cérébral, soit à l'occasion d'un coup violent sur la tête, soit à la suite d'une maladie; tantôt elle a son origine dans les préoccupations, les soucis et les chagrins.

Très souvent la perturbation mentale est un triste héritage de famille.

Chez ceux qui naissent dans cet état lamentable, la mauvaise constitution du cerveau, sa petitesse relative et sa faiblesse, sont les causes bien connues de l'impuissance et du désordre de la pensée.

Quand le cerveau, organe des facultés sensibles, et en particulier de l'imagination, qui est la condition indispensable de toute opération intellectuelle, se trouve altéré dans sa constitution intime, ou naturellement insuffisant, on conçoit que l'esprit lui-même ne produise qu'imparfaitement son acte; le meilleur artiste ne tirera que des notes fausses d'un instrument faux.

Dirons-nous que la folie atteint l'âme même ?

L'âme séparée de l'organisme est invulnérable; mais dans son union étroite avec le corps, elle participe, en quelque sorte, à toutes les affections du corps, et, par conséquent, le désordre du cerveau est chez elle une perturbation mentale.

Ajoutons que la folie est un mal qui s'attaque à l'homme seul. Il faut avoir la raison pour la perdre. Aussi a-t-on pu dire que la folie est un privilège de grand seigneur.

L'homme et l'animal. L'homme se connaît lui-même directement par cette réflexion de l'esprit que nous appelons la conscience; mais comment saura-t-il ce qui se passe chez l'animal de manière à établir les bases d'une psychologie comparée ?

Descartes, posant *a priori* que toute âme est substance pensante, et refusant, à bon droit, de reconnaître chez l'animal la pensée, ne voit dans la bête qu'une machine perfectionnée.

La théorie des *animaux-machines* contredit le sens commun; et, dans cette matière, le sens commun est fondé sur une expérience qui ne laisse aucune place au doute.

Entre les organes de l'animal et nos propres organes, entre les mouvements, les cris et autres moyens par lesquels l'animal exprime ses impressions, et les diverses manières dont nous manifestons nous-mêmes ou pouvons manifester les nôtres, il est facile de remarquer une ressemblance qui permet de tracer les grandes lignes d'une psychologie animale par voie d'analogie.

L'animal, dans les mêmes circonstances que nous et comme nous, montre du plaisir ou de la douleur. Donc il est doué d'une sensibilité physique analogue à notre sensibilité.

L'animal a des organes sensoriels, et il en use comme nous : il voit, il entend, il flaire, il touche, il goûte.

Bien plus, l'animal produit certains actes où se montre une imitation imparfaite de nos actes raisonnés : il fuit ce qui lui est funeste, il recherche ce qui lui est bon. Cette intuition naturelle de ce qui lui est utile ou nuisible, avec le pouvoir d'y approprier l'exercice de son activité, c'est l'instinct.

L'animal, doué de sensibilité, capable de se mettre en rapport avec le monde extérieur par le moyen des sens, possède en outre la mémoire sensible et la forme inférieure de l'imagination : il se souvient et il rêve.

Enfin, l'animal semble vouloir, on dirait qu'il se décide, qu'il prend un parti.

Mais cette volonté, si on peut l'appeler de ce nom, n'a rien d'intellectuel. L'animal suit fatalement l'attrait de ses besoins sensibles. Il ne se possède pas ; son appétit n'est pas en son pouvoir, c'est lui qui est au pouvoir de son appétit. Il ne réagit pas contre ses impulsions naturelles, en un mot, il ne se détermine point, il est déterminé. L'animal n'est pas libre, l'animal n'est pas une *personne*, mais une *chose*; l'animal n'est pas un être moral.

C'est donc à bon droit, avons-nous dit, que Descartes refuse aux bêtes la pensée.

L'animal ne progresse pas; si absolument il peut apprendre à dire certains mots, il est incapable de les combiner d'une manière nouvelle.

Que s'ensuit-il? Non pas que la bête n'a pas d'âme, mais que la bête n'a pas une âme rationnelle.

Entre l'âme rationnelle et l'automate il y a un milieu, c'est l'âme purement sensible, l'âme engagée dans l'organe, qui n'a de réalité qu'avec l'organe comme *forme* de l'organe, et qui, par conséquent, n'a plus *d'être* quand l'organe est brisé.

Telle est la psychologie animale, au point de vue expérimental et au point de vue métaphysique.

L'homme possède à peu près tout ce qui est le propre de l'animal; mais là où l'animal *finit*, l'homme ne fait, pour ainsi dire, que *commencer*.

Au premier moment, l'enfant et l'animal sont absorbés l'un comme l'autre dans les opérations vitales et sensibles; mais bientôt, dans l'enfant, l'homme se dégage, il parle, il questionne; pour tout dire en un mot, il pense, tandis que l'animal reste enfermé dans l'instinct.

Par son intelligence et par sa liberté, l'homme est capable de tous les progrès.

Sujet de la loi morale, l'homme est une *personne;* disposant d'elle-même en vue de ses destinées supérieures, nulle puissance ne peut disposer d'elle : dans l'homme, la personne, objet de respect pour elle-même et pour les autres, est inviolable et sacrée.

L'homme, par sa raison, se trouve en rapport avec l'absolu : il connaît sa destinée immortelle, ses aspirations vont à l'infini, il adore Dieu et il l'aime ; de tous les êtres de ce monde l'homme seul est religieux.

ERRATA

Page 10, 2e alinéa, 6e ligne, au lieu d'*immatériabilité* lisez *immatérialité*.

Page 33, 6e alinéa, au lieu de sensations *intérieures*, lisez sensations *internes*.

Page 86, en marge, au lieu d'analyse *de* souvenir, lisez analyse *du* souvenir.

Page 120, en marge, au lieu de *synthéthique*, lisez *synthétique*.

Page 122, 4e ligne, au lieu de *présentées*, lisez *présentes*.

Page 168, 3e alinéa, 2e ligne, au lieu de la *partie*, lisez la *portée*.

Documents manquants (pages, cahiers...)

NF Z 43-120-13

www.ingramcontent.com/pod-product-compliance
Ingram Content Group UK Ltd.
Pitfield, Milton Keynes, MK11 3LW, UK
UKHW020443200726
13857UKWH00002B/547